영광스러운 복음 · 효과적 전달

문화와 선교

(주)죠이북스는 그리스도를 대신한 사신으로
문서를 통한 지상 명령 성취와 하나님 나라 확장을 위해 노력합니다.

문화와 선교
© 2014 손창남

이 책의 저작권은 저자와 (주)죠이북스에 있습니다. 신 저작권법에 의하여 한국 내에서 보호받는 저작물이므로 무단 전재와 무단 복제를 금합니다.

문화와 선교

영광스러운 복음 · 효과적 전달

손창남 지음

죠이선교회 *omf*

추천의 글

이찬수 목사 (분당우리교회 담임)

　선교 역사는 복음을 타문화에 전하기 위해 노력한 역사라고 해도 과언이 아니다. 유대 문화의 옷을 입은 복음은 헬라 문화의 옷으로 갈아입고 후에는 라틴 문화의 옷으로, 다시 서유럽과 동유럽 문화의 옷으로, 그리고 영국과 미국을 거쳐 현재는 아시아와 아프리카 문화의 옷으로 갈아입고 있다.

　복음은 영광스러운 것이지만 문화의 옷을 벗어 버린 채 사람들에게 전달될 수는 없다. 따라서 복음을 효과적으로 전하기 위해서는 문화를 이해하는 것이 필수적이다. 그리고 복음을 현지 문화의 언어와 개념으로 설명하기 위해 노력해야 한다. 이런 노력을 상황화라고 한다.

　이 책은 재미있는 실제 사례들을 통해 문화라는 복잡한 개념과 상황화라는 어려운 과정을 독자가 쉽게 이해하도록 설명해 준다. 그뿐 아니라 선교사가 선교지에서 가져야 하는 태도에 대해서도 분명하게 말하고 있다. 만약 선교사가 현지인에게 받아들여지지 못한다면 복음은 효과적으로 전달되지 못할 것이다.

　저자인 손창남 선교사는 인도네시아와 국제 OMF라는 타문화권에서 많은 실수를 통해서 타문화가 무엇인지 배웠음을 고백한다. 자신이 실수를 통해 배운 바를 정리함으로써 그의 뒤를 따라 선교 사역을 하려는 선교사와 선교사 지망생에게 큰 도움을 주고 있다. 선교사뿐 아니라 해외에 사는 한국인 디아스포라들도 만약 이 책에서 이야기하는 내용을 이해한다면 선교는 물론 자신이 하는 사업 속에서 큰 유익을 얻을 것이다. 또한 한국에 사는 사람들이 한국에 와 있는 외국인 노동자, 유학생, 결혼 이주자를 대하는 데도 큰 유익을 줄 것이라고 생각한다.

선교에 관한 이론 서적이 아니라 타문화 선교를 실제적으로 다룬 《문화와 선교》라는 책이 이렇게 한국 선교사에 의해서 집필된 것을 매우 고무적으로 생각한다. 앞으로도 계속해서 이런 책이 나와 한국 선교계가 풍성해지기를 바란다.

추천의 글

이대행 (선교한국 대회 상임위원장)

한 마디로, 배꼽 잡고 웃으며 읽다가도 심각한 표정으로 고개를 끄덕이게 만드는 책이다. 손창남 선교사 특유의 언변이 글에서 더욱 진가를 발휘한다. 이 책의 글은 살아서 톡톡 튀어 오른다. 단순한 사유를 통한 주장이 아니라 삶의 향기가 고스란히 묻어서 인간미가 넘치는 이야기들로 전개되기 때문이다.

선교 사역에서 문화에 대한 이해는 필수불가결한데, 한국인 사역자를 통해 정비된 내용은 그리 많지 않다. 그런 의미에서 이 책은 기존의 선교와 문화 인류학에서 다뤄진 이론의 실제를 한국인의 입장에서 경험하고 이해할 수 있도록 돕기도 하고 그 이론을 보완하는 내용으로 가득하다.

이 책은 문화를 이해한다는 것이 흥미로운 일임을 알게 한다. 또한 문화를 이해하기 위해 노력해야 하는 가장 중요한 이유가 복음이 그들의 가슴을 울리도록 해야 한다는 본질적 방향을 분명히 하고 있다. 유일한 진리인 복음이 다양한 문화 속에 적절하게 녹아들어가 가슴으로 이해되고 받아들여지는 과정에서 예수님의 성육신을 묵상하게 된다.

이 책은 우리가 문화에 민감해야 할 중요한 이유를 알게 해 준다. 그리고 그것을 유쾌하고 능동적으로 풀어 가는 방법이 있음을 보여 준다. 물론, 오해와 작은 실패를 경험할 수도 있지만, 그것이 우리의 걸음을 멈추게 하는 일은 없을 것이며 오히려 성숙의 길로 나아갈 것을 기대하게 한다.

 자, 이제 책을 펴자. 그리고 손창남 선교사와 함께 문화의 이해 속에 피어나는 복음의 꽃향기를 누리자.

추천의 글

유병국 선교사 (WEC선교회)

  선교에 있어서 문화가 중요하다는 것은 재론할 여지가 없다. 선교는 결국 복음의 효율적 전달을 통해서 이루어진다. 국적과 문화를 넘어 함께 하는 사역이라면 언어와 전달 문화에 대한 이해는 중요하다. 그동안 선교와 문화에 관한 책이 수없이 많았지만 대부분 이미 문화적 다양성의 사회에서 온 서구인의 경험과 관점에서 쓰여진 책들이었다면 본서는 한국인이 썼다는 특징을 가지고 있다. 더구나 저자는 오랜 기간 다양한 문화적 배경을 가진 다국적 선교사들과 같이 일한 경험과, 자신이 겪은 많은 시행착오를 후배들에게 가르치고 나눈 경험을 가지고 있다.

  한국 선교사들은 선교를 주도하는 나라들 중에 단일 문화적 배경을 가지고 있다. 그렇기 때문에 우리의 복음 전달 방식도 이 문화적 배경에서 벗어나지 못한다. 본서를 통해 우리 자신의 이런 선교 문화에 대해 한번 들여다볼 수 있을 것이다. 우리 자신의 문화적 행동 양식을 제대로 이해하지 못한 가운데서 다른 문화만을 피상적으로 보고 따르거나 맞추려고만 하는 것은 문화적 준비가 덜 된 것이다. 더구나 한류라는 예상치 못한 새로운 문화적 현상이 우리 앞에 펼쳐져 있고, 그 이전 어떤 시대보다 단기적 선교 운동이 활기를 띠고 있으며, 동시에 문제들도 여기저기서 발생하고 있는 이 시점에 이런 책이 나온 것은 매우 시의적절하다.

  저자가 책에서 나열한 다양한 사례는 다국적 선교사들과의 커뮤니케이션, 선교지 사람들과의 커뮤니케이션, 그리고 선교를 한다는 우리끼리의 커뮤니케이션에 대한 이해를 돕는다. 무엇보다 딱딱하고 학문적으로 흐르기 쉬운 분야를 쉽게 경험적으로 다루고 있어서 재미있고 실제적 도움을 준다.

오랜 시간 선교지를 누비며 선교 사역을 해 온 기존 선교사들이 읽고 스스로 자신의 선교 문화적 행적을 돌아보는 계기를 만들면 좋겠다. 미처 이런 문제까지 생각하지 못했던 선교하는 교회의 지도자들도 찬찬히 읽고 우리를 보고 남을 이해하는 계기가 되면 좋을 것이다. 그리고 앞으로 선교하려는 큰 꿈을 가진 후보자들은 반드시 읽어야 할 책이다.

추천의 글

김병삼 목사 (만나교회 담임)

  손창남 선교사와는 코스타에서 시작된 만남이 이어져 교회에 강사로 초청해 말씀을 듣기도 하였고, 그 전에 나온 책을 통하여 손창남 선교사의 선교에 대한 열정과 비전이 남다르다는 것을 느끼고 있었다. 그러던 중 손창남 선교사의 네 번째 책 《문화와 선교》에 추천의 글을 부탁받고 기대하는 마음으로 책을 읽어 내려갔다. 신기하게도 이 책을 읽는 내내 손창남 선교사만의 독특한 육성이 귓가에 맴도는 듯했다.

  이 책은 인도네시아 사역을 정리하고 한국으로 돌아와 본국 사역을 하는 동안 선교와 관련된 강의를 하면서 모아 놓았던 자료들을 엮은 것이다. 문화와 선교를 다룬 기존 책들과 달리, 누구나 쉽게 읽을 수 있도록 이론보다는 실제 있었던 많은 예화를 통해서 문화와 선교의 관계를 설명하고 있다. 때로는 황당한 이야기, 때로는 가슴 찡한 이야기가 지금 우리가 선교를 바라보는 현 주소를 잘 보여 주는 듯하다.

  아마도 단일 문화권에서 살아온 우리 한국인이 타문화를 이해하기는 쉽지 않을 것이다. 그러나 이 책을 통해 문화적 차이를 접하면서 받는 충격은 우리가 얼마나 다른 문화, 다른 종족에 대해서 무지하게 살아왔는지를 보여 준다. 그래서 작은 바람이 있다면 이 책을 통하여 손창남 선교사가 말하는 족맹(tribe blindness)에서 탈출하는 것이 어느 정도는 가능하지 않을까 생각해 본다.

목 차

004 추천의 글
014 들어가는 글

I부. 타문화 상황

022 **1장 선교와 문화**
문화란 · 결혼 생활과 타문화 · 게임의 룰 · 치명적 걸림돌

038 **2장 문화적 차이 1**
못 말리는 가치 · 문화의 4층 구조 · 오해 · 고맥락적 커뮤니케이션 · 문화적 실수

061 **3장 문화적 차이 2**
자기문화 중심주의 · 성급한 판단 · 초문화적 기준

069 **4장 문화 충격과 극복**
문화 스트레스 · 문화 충격 · 문화 충격의 극복 · 역문화 충격

II부. 타문화에서의 메시지

089 **5장 초대 교회와 선교**
사도행전에 나타난 다섯 그룹 · 풀뿌리 선교의 모습 · 안디옥 교회 · 다른 옷을 입은 복음

108 **6장 상황화 1**
의사소통의 원리 · 역동적 등가 · 상징 빼앗기 · 구속적 유사 · 복음 증거의 장애: 벽과 협곡 · 상황화의 목표

135 **7장 상황화 2**
혼합주의 · 혼합주의에 대한 오해 · 토착화의 노력들 · 메시지의 본질 찾기

154 **8장 문화 변혁**
선교의 목표 · 변혁을 위한 선교사의 역할 · 보상을 통한 점진적인 변화 · 세례 받은 똥꼴

III부. 타문화에서의 메신저

171 **9장 성육신의 원리**
천사표가 흘러내릴 때 · 아기로 오신 예수님 · 연약함이 주는 유익

181 **10장 선교사의 역할**
제국주의 시대의 선교사 · 만남의 모델과 참여의 모델 · 선교사의 정체성

199 **11장 동일시**
동일시의 원리 · 인사이더로 여겨질 때까지 · 동일시의 한계 · 본딩 · 미드나이트 이야기

219 **12장 선교사의 출구 전략**
출구 전략의 예 · 방콕 포럼 · 삼자 정책 · 선교사의 역할 변화

236 나오는 글
239 부록: LAMP 프로그램에 관하여

들어가는 글

　인도네시아에서의 사역을 정리하고 한국으로 돌아와 13년째 본국 사역을 하고 있다. 본국에서 사역하는 동안 간간이 선교와 관련된 강의를 할 기회가 생긴 것은 선교지로 가기 전 한국에서 십 년, 그리고 인도네시아에서 십 년 이상을 대학 강단에서 일했던 필자에게는 큰 행운이었다.

　더욱이 지난 6년 동안 한국 OMF 대표직을 내려놓고 동원 사역에 전념하면서 강의할 기회가 더 많아졌다. 선교와 관련해서 가장 많이 하는 강의는 선교와 문화에 관해서다. 언젠가는 그동안 선교와 문화에 관해 강의한 내용을 정리해서 책으로 출간하겠다고 줄곧 생각하면서도 바쁘다는 핑계로 계속 미루어 왔는데 이제야 실천하게 되어 기쁜 마음을 말로 표현하기 어려울 정도다.

　선교와 문화에 관한 훌륭한 책들이 시중에 나와 있지만 그 중 대부분이 문화와 선교와의 관계를 학문적으로 다루고 있어서 신학교 내 선교학과에서 문화 인류학을 공부하거나 타문화 이해를 위한 전공 분야 공부를 하는 학생이 아닌 일반 성도들은 책을 통해 문화와 선교의 관계를 이해하고 실천하는 것이 쉽지 않아 보였다.

반면, 필자가 강의할 때 문화적 차이 때문에 실제로 겪은 이야기나 타문화에서 복음이 역동적으로 증거되는 이야기를 들려주면 청중은 무척 재미있어 하고 쉽게 이해하는 것 같았다. 그래서 문화에 관한 이론보다는 실제 있었던 이야기들을 통해 누구나 쉽게 읽고 문화와 선교의 관계를 이해할 수 있도록 설명하는 책을 쓰려고 노력했다.

이 책은 3부로 구성되어 있다.

1부에서는 타문화를 어떻게 이해할 것인가를 집중적으로 다루었다. 문화는 겉으로 보이는 행동 양식만이 아니라 오랜 시간의 관찰과 경험을 통해서만 알 수 있는 가치, 믿음, 세계관으로 이루어져 있다. 따라서 단기든 장기든 타문화 사역을 하려는 사람은 타문화에 대한 바른 이해를 가져야 한다. 특히 1-2주의 비전 트립(vision trip)처럼 단기 여행을 생각하는 사람이라면 1부 '타문화 상황'을 통해서 문화를 이해하는 데 기초적인 도움을 받을 수 있을 것이다.

2부에서는 타문화에서 복음을 어떻게 증거할 것인가를 다루었다. 타문화에서 복음을 증거하는 것을 선교라고 할 때, 선교 역시 일반적인 의사소통 과정과 유사한 점이 많다. 의사소통 과정에서 발신자는 자신에게 익숙한 방법으로 소통하려는 경향이 있다. 하지만 성공적인 의사소통을 위해서는 수신자 중심의 커뮤니케이션을 해야 한다. 선교사가 수신자인 현지의 문화에 맞게 복음을 전하는 것을 상황화라고 부른다. 2부

'타문화에서의 메시지'는 초대 교회의 본을 따라 복음을 상황화하면서 혼합주의를 피하여 메시지의 본질을 전하는 방법에 대해 살펴본다.

3부에서는 타문화에서 복음을 전하는 선교사에 대해서 다루었다. 2부가 타문화에서 '메시지'를 어떻게 효과적으로 전달할 것인가를 다룬다면 3부는 메시지를 전하는 '메신저'에 대해 다룬다고 할 수 있다. 선교사가 현지의 사람들에게 받아들여지지 않고는 효과적으로 복음을 증거하기가 어렵다. 예수님이 우리 가운데 어린 아기로 오신 것처럼 선교사도 타문화에서 성육신의 과정을 경험해야 한다.

이 책은 혼자 읽어도 좋지만 몇 사람이 함께 읽으면서 구체적 사례를 가지고 토론을 해도 좋을 것이다. 특히 독자 자신이 타문화 경험을 하기 전 그런 상황에 있었다면 어떻게 했을까를 가정해 보고 그룹에서 나눈다면 더 큰 유익이 되리라고 믿는다.

이 책의 목표가 문화 인류학이나 선교학에 학문적 기여를 하는 것은 아니지만 만약 대학이나 대학원에서 타문화 선교의 실제, 혹은 유사한 과목의 강의 교재로 사용한다면 부록에 나와 있는 언어 배우기를 포함해서 13주 강의를 위한 강의 교재로 사용할 수 있을 것이다.

문화와 선교의 관계에 대한 강의를 많이 했지만 그 중에서도 특히 지난 몇 년간 웨스트민스터 신학대학원과 아세아연합신학대학교에서 '타문화 선교의 실제'라는 과목으로 강의한 내용을 중심으로 정리를 했다. 여기에 선교한국 파트너스에서 진행하는 퍼스펙티브 프로그램의 문화 관련 부분을 통해 내용을 보충하고 다듬었다. 필자의 강의를 듣고 함께 공부한 학생들과 퍼스펙티브 프로그램을 위해 일하는 사무실의 간사, 코디, 조장 들에게 감사를 전한다.

정리되지 않은 산만한 원고를 미리 읽고 좋은 피드백을 해 준 GMF선교회의 김동화 대표님, WBT선교회의 권성찬 선교사님, OMF 이사이신 우상두 장로님, 광교선교회 전성배 형제와 이요원 형제, Young 2080의 서재석 대표님, OMF 사무실에서 함께 섬기는 염청미 집사님과 장미영 간사님, 송원교회의 조미연 집사님, 그 외에도 이름을 일일이 열거하지 못하는 많은 분께 감사드린다.

바쁘신 중에도 추천의 글을 써 주신 존경하는 만나교회의 김병삼 목사님, 분당우리교회의 이찬수 목사님, 동역자인 WEC선교회의 유병국 선교사님, 불철주야 젊은이 선교 동원을 위해 애쓰는 선교한국대회 상임위원장 이대행 선교사님께 감사를 드린다.

책이 나올 수 있도록 격려를 아끼지 않은, OMF에서 함께 사역하는 동료 선교사들, 사무실에서 사역하는 간사들에게 감사를 표하고 싶다. 아름다운 표지를 만들어 준 황인권 실장님, 산뜻하게 삽화를 그려 준 김범철 형제, 무엇보다 부족한 원고를 정리하고 편집하는 데 수고를 아끼지 않은 죠이선교회 출판부 직원들에게 감사를 드린다.

늘 곁에서 기도와 격려를 아끼지 않는 아내와 두 자녀에게도 고마움을 전하고 싶다.

I부. 타문화 상황

필자는 인도네시아에서 회계학 교수로 있으면서 대학생들을 대상으로 복음을 전하고 양육하는 사역을 했다. 사역이 늘어남에 따라 여러 나라에서 젊은 단기 선교사들이 사역을 돕기 위해 왔다. 한번은 각각 한국, 미국, 영국에서 온 단기 사역자들이 함께 머물며 사역한 적이 있다.

이제 세 사람이 도착한 다음 날 식사를 하는 모습을 상상해 보라. 아침 식사는 빵에다 잼을 발라 먹도록 간단히 차려졌다. 각자 앉아 있는 자리에 빵이 놓여 있고 잼이 든 병은 식탁의 가운데에 있다.

한국 청년이 먼저 빵에 잼을 발라 먹기 위해서 손을 뻗어 잼이 든 병을 자기 가까이로 끌어온다. 그리고 빵에 잼을 발라 먹는다. 그러면 영국 청년과 미국 청년은 눈살을 찌푸린다. 왜냐하면 그런 행동은 자신들의 룰(rule)이 아니기 때문이다. 서양에서는 자기 앞에 놓인 식빵이야 마음대로 먹어도 되지만 공동으로 먹으라고 놓아둔 잼을 다른 사람들의 동의도 얻지 않은 채 손을 뻗어 끌어오는 것은 무례한 일이다.

하지만 한국 청년에게는 식탁에서 자기 손을 뻗어 잼을 가져오는 것이 극히 자연스러운 행동이다. 생각해 보자. 만약 한국에서 가족이 식사를 하는 자리에서 동생이 "언니, 거기 김 좀 주세요, 콩나물 좀 주세요" 하고 부탁을 한다면 예의 바른 행동으로 여겨지겠는가 아니면 예의 바르지 않은 행동으로 여겨지겠는가.

이제 미국 청년이 잼을 먹고 싶다면 한국 청년 가까이에 있는 잼을 집어 오기 위해서 팔을 뻗는 일은 절대로 하지 않을 것이다. 그렇게 하는 것이 무례한 일이라고 생각하는 미국 청년은 자기 팔을 뻗어 잼을 가져오는 대신 "Would you pass me the jam?"(잼을 좀 주겠냐?)라고 한국 청년에게 부탁할 것이다. 이때 미국 청년에게 잼을 건네주는 한국 청년의 표정을 살필 필요가 있다. 그는 잼을 건네주면서 '자기 팔이 있는데 왜 직접 가져가지 않고 나에게 달라고 할까?' 하고 의아해 할 것이다.

이 상황에서 정말 재미있는 룰을 가진 사람은 영국 청년이다. 영국 사람의 식탁 예절에 따르면 다른 사람 앞에 있는 잼을 손을 뻗어 가지고 와서도 안 되고 미국 청년처럼 달라고 해서도 안 된다. 영국 사람들은 식탁에서 다른 사람이 먹으라고 권하는 음식만 먹는다. 멀리 있는 음식을 직접 손을 뻗어 가져오는 것은 강도 짓처럼 생각하고, 권하지 않는 음식을 먹겠다고 다른 사람에게 달라고 부탁하는 것은 거지 같은 행위로 여긴다. 영국에서는 다른 사람이 먹으라고 권하는 것을 먹는 것이 가장 예의 바른 행동이다. 그러니 영국 청년은 강도같이 가져다 먹는 한국 청년과, 거지같이 달라고 해서 먹는 미국 청년이 언젠가 한 번쯤은 자기에게 잼을 먹겠느냐고 권할 때까지 기다린다. 하지만 그런 룰을 알 리 없는 한국 청년과 미국 청년은 서로 가져다 먹고 달래 먹느라 바쁘다. 참다못한 영국 청년이 한마디 한다.

"Hey, Do you like the jam?"

영어 문장의 의미만을 생각하면 '너희는 잼을 좋아하느냐?'이지만 지금 이 상황에서는 '잼을 달라'는 말이다. 하지만 그 뜻을 짐작할 수 없는 한국 청년과 미국 청년은 이렇게 대답한다.

"Of course, I do."(물론 좋아하지!)

그러면서 여전히 한 사람은 강도같이 손을 뻗어 갖다 먹고, 한 사람은 거지같이 잼을 달래서 빵에 발라 먹고 있을 것이다.

각자의 입장에서 한번 생각해 보자. 한국 청년은 자기보다 팔도 더 긴 미국 청년이 잼을 달라고 할 때마다 불쾌하다. 미국 청년은 자기 앞에 놓인 잼을 한국 청년이 허락도 없이 가지고 갈 때마다 불쾌하다. 영국 청년은 한국 청년과 미국 청년이 자기에게 먹어 보라고 한 번도 권하지 않으면서 자기들만 먹는 것이 불쾌하다.

그러나 이 청년들은 빵에 잼을 발라 먹다가 서로 기분 상하려고 선교지에 온 것이 아니다. 영광스러운 주님의 복음을 전하기 위해서 선교지에 왔다. 하지만 아침부터 잼을 먹는 것 때문에 서로에 대해 불쾌한 감정이 생겼다면 이들이 하루 종일 함께 지내는 동안 서로 룰이 달라서 불편해지는 일이 몇 번이나 있을까? 그것은 독자의 상상에 맡긴다.

타문화를 이해하지 못한다면 선교지에서 어떤 일이 벌어지리라는 것은 불을 보듯 뻔한 일이다. 1부에서는 타문화가 무엇인지를 설명하고 타문화를 이해하기 위한 몇 가지 제안을 할 것이다.

1장
선교와 문화

문화와 선교, 선교와 문화. 이 두 단어는 불가분의 관계가 있다. 이야기를 더 진행하기 전에 선교가 무엇인지 분명히 해 둘 필요가 있겠다. 물론 선교를 정의하는 것이 이 책의 목적은 아니다. 하지만 선교에 대한 분명한 정의가 없이는 문화와 선교의 관계를 제대로 설명하기가 쉽지 않다. 여기서 간단하게나마 선교에 대한 정의를 먼저 내린 후에 이야기를 더 진행하자. 이 책에서 말하는 '선교'란 '타문화에서 주의 복음을 증거하는 것'으로 한정한다.

선교를 광의(廣義)로 해석하는 사람들은 '교회에서 하는 모든 일'이 곧 선교인 것처럼 이야기한다. 예를 들어 여자 성도들이 게장을 먹으면서도 여선교회 모임이라 하고, 남자 성도들이 골프를 치면서도 남선교회 모임이라고 한다. 게장 먹는 것과 선교가 어떤 관계인지, 골프 치는 것과 선교는 또 어떤 관계인지 잘 모르겠다.

만약 모든 것이 선교라면 선교는 아무것도 아닌 것이 된다. 우리가 사는 나라를 대한민국이라고 하는 것은 대한민국이 아닌 나라가 있기 때문에 의미가 있는 것이지, 만약 세상 모든 나라가 대한민국이라면 대한민국은 없는 것이나 마찬가지다. 선교는 선교가 아닌 것이 분명히 존재하기 때문에 선교라고 부르는 것이다.

선교를 협의(狹義)로 생각하는 사람들 가운데, 선교를 '해외에서 하는 일'과 동일시하는 경우도 있다. 아마 백 년 전에는 타문화와 해외가 동일한 의미였을지 모른다. 백 년 전 독일 사람이 조선 사람을 만나려면 조선에 와야만 했다. 하지만 지금은 독일에도 수십 만의 한국 사람이 살고 있다. 백 년 전 조선 사람이 베트남 사람을 만나고 싶었다면 그는 베트남으로 가야 했다. 하지만 지금은 안산시 원곡동에만 가도 얼마든지 베트남 사람을 만날 수 있다.

선교가 '해외'가 아닌 '타문화'와 관련 있다는 것을 더욱 명확하게 설명하기 위해서 다른 예를 들어 보자. 한국의 어떤 목사님이 가족을 데리고 브라질에 갔다. 그리고 그곳에 이미 와 있던 한국 사람들을 만나 복음을 전하기 시작했다. 그 중에서 주님을 영접한 사람이 많아졌고 이 사람들을 중심으로 브라질 한인 교회가 세워졌다. 브라질에 간 한국 목사님은 주일마다 한국인에게 한국말로 설교하고 제자 훈련을 하며 목회 사역을 한다. 이럴 경우 이 목사님의 사역은 선교라기보다는 '교민 목회'라고 부르는 것이 더 적절하다. 사역이 일어나는 현장은 해외지만 타문화가 아닌 자문화 사역이기 때문이다.

이와는 반대로, 어떤 분이 한국에 와 있는 인도네시아 노동자들을 섬기기 위해 인도네시아에서 2년간 지내면서 인도네시아 말과 문화를 배왔다. 그리고 한국으로 돌아와 한국에서 살면서 의정부에 있는 인도네시아 노동자들을 위한 사역을 하고 있다면 이분의 사역은 오히려 선교라고 해야 한다. 해외가 아닌 한국에 있지만 한국 안에서 타문화적으로 사역하고 있기 때문이다. 선교란 지리적으로 다른 나라에 가는 것을 의미하는 것이 아니라, 문화적으로 내가 익숙하지 않은 상황에서 복음을 전하는 것이다.

이렇게 선교를 '타문화에서 주의 복음을 증거하는 것'으로 정의하면, 선교에서 가장 중요한 키워드는 무엇보다 '문화' 또는 '타문화'가 된다.

문화란

문화의 뜻을 검색해 보았더니 '문화를 한마디로 정의하기란 불가능하다'고 나온다. 공감이 되는 말이다. 누구나 알고 익숙하게 사용하는 단어지만 깔끔하게 설명하기에는 어렵고 복잡하다는 의미일 것이다. 그렇다고 해서 문화가 무엇인지 설명하는 것은 불가능하니 그냥 넘어갈 수는 없다. 일반인이 알고 있는 '문화'의 기본적인 이해를 가지고 시작해 보자.

쉽게 말하자면 문화는 모두 사람과 관련된 것이다. 문화(culture)는 사람의 손을 거친 인공적인 것을 말한다. 문화에 상대되는 말은 자연(nature)이다. 예를 들어 하늘에 떠 있는 달은 문화가 아니라 자연이다. 하지만 어떤 사람이 그 달을 그림으로 그려서 벽에 붙이면 문화가 된다.

어떤 사람들은 문화를 예술과 관계된 것으로 이해하기도 하는데 예술도 사람이 하는 것이니 광의의 문화에 포함된다. 그러나 이 책에서 말하는 '문화'는 예술만이 아니라 그보다 훨씬 넓은 의미를 갖는다.

폴 히버트의 정의

선교사 출신의 문화 인류학자인 폴 히버트(Paul Hibert)는 다음과 같이 문화를 정의한다.

문화란 한 사회가 가지는 특유의 학습된 행동 양식과 개념과 산물들이 서로 통합된 체계이다.

조금 어려운 단어들이 등장하는 것 같지만 폴 히버트의 정의에서 몇 가지 중요한 문화의 요소를 발견할 수 있다.

하나는 문화가 학습된다(learned)는 점이다. 어떤 사람도 조상에게 물려받은 DNA 때문에 문화가 결정되는 경우는 없다. 예를 들어 한국인 아기가 어릴 때 미국에 입양되어 자랐다면 이 아이는 자연스럽게 영어로 말을 하고 미국 음식을 먹을 것이다. 한국인으로 태어났지만 어릴 때부터 미국에서 자란 이 아이가 DNA 속 유전 인자 때문에 배우지도 않은 한국말을 하고 자기도 모르게 김치를 좋아하게 되지는 않는다. 문화는 타고 나는 것이 아니라 학습하는 것이기 때문이다.

이 말을 다르게 해석하면, 다른 문화를 배우지 못하는 사람은 없다는 뜻이기도 하다. 누구나 학습하면 다른 문화를 익숙하게 받아들일 수 있다. 나이가 들어 타문화를 경험하는 분들 가운데 나이 때문에 타문화 적응이 어렵다고 말하는 분이 있는데 배우는 속도가 느릴 뿐이지 불가능한 것은 아니다. 젊은 사람이라고 해서 모두 타문화에 빨리 적응하는 것도 아니다.

폴 히버트의 정의에서 또 하나 중요한 요소는 문화가 '행동 양식'(patterns of behavior)과 '개념'(concepts)과 '산물'(outputs)의 '통합된 체계'(integrated system)라는 점이다. 이 내용은 2장에서 더 자세히 설명하겠지만 여기서 간단히 살펴보자. 이런 복잡한 단어가 나오면 역시 문화란 이해하기 어렵다고 느껴지게 마련이다.

행동 양식, 개념, 산물의 관계는 이렇게 설명할 수 있다. 한국 사람은 밥을 먹을 때 손을 사용하는 대신 숟가락을 사용한다. 이것은 행동 양식에 속한다. 이런 행동 양식의 근저에는 손으로 먹는 것을 더럽다고 생각하는 우리의 개념이 존재한다. 손으로 먹는 것이 더럽다고 생각하는 사람들은 숟가락을 만든다. 숟가락은 문화의 산물이다. 이렇게 숟가락으로 밥을 먹는 것뿐 아니라 수많은 영역에서 수많은 행동 양식과 개념과 산물이 서로 통합되어 하나의 체계를 이루는데 그 문화 안에 있는 사람들은 특별한 분석 없이 복잡한 문화의 체계를 익숙하게 받아들이며 살고 있다.

사람들은 마치 우리가 공기의 존재를 의식하지 않고 사는 것처럼 자기 문화를 의식하지 못하고 살아간다. 자신의 문화에 대한 인식은 다른 문화를 만나면서 시작된다. 그것은 마치 우리가 물속이나 가스실 같은 곳에서 호흡을 할 때 비로소 공기의 존재를 인식하는 것과 비슷하다.

결혼 생활과 타문화

우리가 타문화를 경험한 적이 없거나 아주 짧은 기간만 여행해서 타문화에 대한 이해가 깊지 않다면 결혼한 부부 사이에서 생기는 문제를 생각해 보는 것이 도움이 될 것이다. 타문화를 이해하는 것과 결혼 생활을 이해하는 것 사이에 유사점이 많다.

"당신 목마르지 않아?"

어느 날 서점에서 매우 흥미로운 책을 하나 구입해서 읽었다. 《말을 듣지 않는 남자, 지도를 읽지 못하는 여자》라는 책인데, 제목부터 범상치 않았다. 그 책을 통해서 부부 사이에 일어나는 문제에 대해서 많은 것을 배우게 되었다. 책에서 '남자들은 이렇게 말한다'고 하는 것은 대부분 내가 하는 말이었으며, '여자들은 이렇게 말한다'고 하는 것은 대부분 아내가 하는 말이었다.

책에 소개된 많은 이야기 중에 가장 인상적인 것을 하나 소개하고 싶다. 어느 날 부부가 고속 도로를 이용해서 지방에 내려가고 있었는데 조수석에 앉아 있던 아내가 갑자기 남편에게 묻는다.

"여보, 당신 목마르지 않아?"

이런 상황에서 대부분 남자들은 자신이 목마른지 아닌지만 생각할 것이다. 목이 마르지 않은 남편이 별 생각 없이 아내에게 대답한다.

"응, 목마르지 않아."

그렇게 대답하고는 그대로 고속 도로를 달린다. 남편의 머릿속에는 어떻게 하면 알짱거리는 앞차를 앞질러 목적지에 빨리 도착할까 하는 생각뿐이다. 25킬로미터 정도를 달린 후 2킬로미터 전방에 휴게소가 있다는 광고판이 보이자 아내가 다시 남편에게 묻는다.

"여보, 당신 진짜 목마르지 않아?"

아내의 질문은 다음 휴게소에서는 꼭 세우면 좋겠다는 뜻이다. 하지만 목이 마르지 않은 남편의 입장에서는 아내가 같은 질문을 하는 것이 짜증스럽다. 남편이 이번에는 왕짜증을 내면서 대답한다.

"나 정말 목마르지 않다니까!"

이런 상황에서 아내가 남편에게 목마르지 않냐고 묻는 이유는 따로 있다. 그것은 자신이 목마르거나, 화장실에 가고 싶거나, 혹은 맥반석으로 구운 오징어를 사 먹고 싶기 때문이라는 것이다. 그런데 아내의 의도를 알아차리는 남편은 많지 않다. 결국 수십 년을 이런 식으로 소통해 온 부부들은 서로 상대가 자신의 말에 귀를 기울이지 않는다는 결론을 내리고 마음의 문을 닫고 살거나 심할 경우는 헤어지기도 한다.

《말을 듣지 않는 남자, 지도를 읽지 못하는 여자》를 읽으면서, 나도 평소 아내가 하는 질문에 그 책에 나오는 남자처럼 대답하고 있다는 사실을 발견했다. 달콤한 연애 시절을 보내고 결혼할 때만 해도 부부 싸움 같은 것은 절대 하지 않을 줄 알았지만 뒤돌아보니 꽤나 다투며 살았다. 그래서 그 책을 읽은 뒤 나도 뭔가 달라져야겠다고 생각했다.

책을 읽은 지 얼마 되지 않은 어느 날, 집에서 축구 경기 중계방송을 보고 있었다. 매우 중요한 A매치 경기라 화면에서 눈을 뗄 수 없었다. 갑자기 아내가 내게 물었다.

"여보, 당신 사과 먹고 싶지 않아?"

이 글을 읽는 모든 남자 분에게 물어보고 싶다. 어떤 남자가 중요한 축구 경기를 보다가 갑자기 사과를 먹고 싶다는 생각을 하겠는가. 나는 축구 경기를 관람하고 있을 때는 화장실에도 가지 않는다. 많은 남자가 화장실에 가거나 한눈을 파는 동안 혹시라도 전세가 역전될까봐 텔레비전 화면에서 눈을 떼지 않을 것이다.

하지만 그 책을 읽은 지 얼마 지나지 않았을 때라 전과는 다르게 행동할 수 있었다. 예전 같았다면 축구 경기를 보고 있는 남편에게 그런 이야기를 한다고 아내에게 핀잔을 주었겠지만 이번에는 아내의 메시지가 무엇인지 다른 관점에서 생각할 수 있게 된 것이다.

사과를 먹고 싶은 생각은 별로 없었지만 텔레비전 화면에서 눈을 뗀 다음 정색을 하고 아내에게 말했다.

"응, 나 사과 먹고 싶은데!"

그러자 아내는 냉장고에서 사과를 꺼내 가지고 와서 내 옆에 앉아 깎기 시작했다. 아내가 깎아 준 사과를 얼마나 먹었는지는 기억이 잘 나지 않는다. 대부분은 아내가 먹었을 것이다.

타문화 선교지에서는 같은 문화 안에서 남편과 아내 사이의 의사소통 차이보다 더 심한 차이를 경험하게 된다.

게임의 룰

위에서 언급한 폴 히버트의 정의보다 더 쉽게 문화를 이해하는 방법은 없을까? 아마도 가장 간단하게 설명한다면 문화는 '게임의 룰'과 같다고 생각할 수 있을 것이다. 같은 게임이지만 동네마다 게임의 룰이 다를 수 있고 같은 동네에서 동일한 게임을 하더라도 시간이 지나면서 룰이 달라질 수도 있다.

내가 어릴 때 하던 윷놀이에는 '빽도'라는 룰이 없었다. 하지만 나이가 들어서 윷놀이를 할 때는 '빽도' 룰이 첨가되어 윷놀이가 더욱 재미있어졌다. 최근에는 윷판에 천국과 지옥을 넣어서 더 흥미로운 게임을 즐기는 사람들도 있다. 만약 윷놀이를 하려는데 한 사람이 자기는 빽도를 인정할 수 없다든지 천국과 지옥을 인정할 수 없다고 하면 그 사람은 게임에 참여하기 쉽지 않을 것이다.

대부분 동네 축구에서는 오프-사이드(off-side) 룰을 적용하지 않는다. 만약 새로 이사 온 어떤 사람이 동네 축구에서 오프-사이드 룰을 적용해야 한다고 우긴다면 그는 그 동네에서 축구를 즐기기 어려울 것이다. 아마도 그런 사람은 FIFA(국제축구연맹)로 보내야 할지도 모른다.

선교지에 간 선교사도 마찬가지다. 그곳의 룰을 따르지 않는다면 그에게 남은 일은 그곳에서 아웃(out)을 당하고 더 이상 게임에 참가할 수 없는 신세가 되는 것뿐이다.

찜질방에 간 선교사

태국에서 오랫동안 사역한 선교사가 안식년으로 한국에 돌아왔다. 그 선교사는 한국에 왔으니 목욕탕에 가서 따뜻한 물에 몸을 담그고 싶었다. 태국에서는 따뜻한 목욕탕에 몸을 담그며 목욕을 할 수 없었기 때문이다. 마침 근처에 목욕탕이 있다는 소식을 듣고 찾아갔다. 그곳이 일반 목욕탕이 아니라 찜질방이라는 사실을 몰랐던 선교사가 입구에서 돈을 내자 주인은 탈의실 열쇠와 함께 휴게실에서 입을 옷을 건네주었다. 영문을 모른 채 열쇠와 옷을 받아 들고 탈의실로 들어간 선교사는 일단 입고 있던 옷을 벗어 옷장에 넣었다. 하지만 입구에서 받은 옷을 어떻게 할지 몰라 난감했다. 한동안 생각을 하다가 받아 온 옷을 입고 목욕탕 안으로 들어갔다.

그 선교사가 들어갔을 때 목욕탕 안에는 아무도 없었다. 그래서 그가 옷을 입고 탕에 들어가는 것을 제지하는 사람이 아무도 없었다. 얼마 후 목욕탕의 문이 열리고 홀딱 벗은 남자 두 명이 들어왔다. 탕 속에 앉아 있던 선교사는 매우 의아했다. '왜 저 사람들은 나처럼 옷을 입고 들어오지 않았을까?' 벗고 있는 사람들도 옷을 입고 있는 선교사를 보면서 똑같은 생각을 했을 것이다. '왜 저 사람은 옷을 입고 탕에 들어와 있을까?'

조금 후에 목욕탕 주인이 들어와서 그 선교사에게 고함을 치며 탕에서 나오라고 했을 것은 충분히 상상이 가는 일이다.

왜 목욕탕에서 옷을 입고 있으면 안 되는가? 그 이유는 그것이 목욕탕에서 지켜야 하는 룰이기 때문이다. 만약 어떤 장소에 갔는데 그곳 사람들이 모두 옷을 벗고 있다면 우리도 벗어야 한다. 반대로, 수영복을 입고 입욕을 해야 하는 일본의 온천에 그 선교사가 옷을 벗고 들어갔다면 어떤 일이 벌어졌겠는가. 만약 어떤 장소에 갔는데 그곳 사람들이 모두 옷을 입고 있다면 우리도 입어야 한다.

많은 한국 사람은 한국 문화가 한국에만 적용되는 룰이 아니라 '세계적으로 통용되는 표준 룰'(International Standard Rule)이라고 생각하며 온 세상을 누빈다. 그리스에서 사역하는 어느 선교사는 비전 트립을 온 성도들이 등산복을 입고 다니셔서 부끄러웠던 적이 여러 번 있다고 고백하기도 했다. 우리나라에서는 산이 아닌 곳에서 등산복을 입고 다니는 것이 아무렇지 않을 수 있다. 등산복을 입고 다니는 것이 한국에서는 문제가 되지 않지만 그리스의 유적을 찾는 사람들 중에 등산복을 입고 다니는 사람은 거의 없다.

한국 문화가 세계적으로 적용되는 룰일 것이라고 생각하는 사람의 특징이 있다. 이런 사람들은 타문화에서 늘 이런 질문을 던진다. "이 사람들은 왜 이렇게 해?" 혹은 "이 사람들은 왜 이걸 안 하지?"

하지만 한국 문화는 한국에서만 적용되는 룰일 것이라고 생각하는 사람들은 이렇게 묻는다. "여기서는 어떻게 하나요?"

다른 문화에 가면 그곳 사람들에게 그들의 룰을 수시로 묻거나 다른 사람들이 어떻게 하는지를 관찰해야 한다. 우리가 단기 선교를 위해 떠나든, 장기 선교사로 떠나든, 혹은 유학이나 이민을 위해서든 타문화에 갈 때는 인천 공항에서 비행기가 이륙하는 순간부터 한국의 룰은 이제 더 이상 유효하지 않다는 것을 명심하면 된다.

한번 테스트를 해 보자. 인도네시아에서 대학생들이 교수 집을 방문할 때 현관에서 신발을 벗고 들어갈까, 신고 들어갈까? 만약 여러분이 마음속으로 '신고 들어간다' 혹은 '벗고 들어간다' 하고 대답했다면 이미 틀렸다. 우리가 알지 못하는 문화에 대해서는 '모른다'라고 말하는 것이 정답이다.

필자는 인도네시아에서 11년간 사역을 했기 때문에 그 질문에 대한 답을 알고 있다. 인도네시아 대학생은 교수 집을 방문할 때 현관에서 신을 벗을 뿐 아니라 양말도 벗어서 신발 속에 넣고 맨발로 들어온다. 우리나라에서는 맨발로 다니다가도 교수 집을 방문하려면 양말을 신고 들어가야 하지만 인도네시아에서 맨발로 남의 집에 들어가는 것은 무례한 것이 아니라 오히려 예의 바른 행동이다.

인도네시아에서는 이슬람 사원에 들어갈 때도 맨발로 들어가야 하고 발리의 힌두교 사원에 들어갈 때도 맨발로 들어가야 한다. 그러니 만약 여러분이 인도네시아 대학생들과 함께 어떤 인도네시아 사람의 집을 방문하게 된다면 현지 대학생들이 현관에서 신발과 양말을 벗고 들어가는지 보고 얼른 따라서 벗으면 된다.

치명적 걸림돌

문제는 이러한 룰의 차이가 타문화 상황에서 치명적인 걸림돌이 될 수도 있다는 점이다. 현지의 룰을 어긴다면 그 사람이 아무리 좋은 목적을 가지고 갔다 해도 그곳에 계속 머물기는 어려워진다. 마치 축구 경기를 할 때 아무리 훌륭한 선수라 해도 룰을 어기면 더 이상 경기를 하지 못하고 퇴장을 당하는 것과 비슷한 일이 벌어진다.

선교사가 겪는 어려움은 현지 문화와의 차이 때문에만 생기는 것은 아니다. 각자 다른 문화에서 와서 현지에서 함께 사역하는 동료들 간에도 문화적 차이로 인한 어려움이 종종 발생한다. 만약 영국 사람과 한국 사람이 한 조가 되어 설거지를 하면 어떤 일이 벌어질까.

"죽여라 죽여!"

영국 사람은 설거지를 할 때 두 양푼의 물로 다 해결한다. 50-60명이 식사한 설거지를 하는 경우도 마찬가지다. 영국 사람은 한 양푼에는 세제를 타 놓고 다른 양푼에는 뜨거운 물을 담아 둔다. 접시와 모든 식기를 세제를 풀어 놓은 물에 넣고 수세미로 닦아서 그 옆 양푼의 뜨거운 물에 잠깐 담갔다 꺼낸다. 그리고 마른 행주로 닦으면 그것으로 설거지가 끝난다. 만약 한국에서 하는 식으로 수도꼭지를 틀어 흐르는 물에 설거지를 한다면 영국 사람들은 물을 낭비한다고 생각할 것이다. 영국인에게 물은 매우 중요한 자원이며 우리 기준으로 생각할 때 청결은 그 다음에 오는 가치가 된다.

배를 타고 다니며 사역을 하는 어느 선교단체에서, 불행하게도 한국 자매와 영국 자매가 설거지 당번이 되었다. 한국 자매가 수돗물을 틀어서 설거지를 하려고 하자 영국 자매가 깜짝 놀라며 설거지는 그렇게 하는 것이 아니라고 단호하게 말하고는 영국에서 하는 것처럼 양푼 두 개에 따뜻한 물을 가득 담았다. 한쪽 양푼에는 세제를 풀어서 거품을 냈다. 그리고 50명이 넘는 사람이 먹고 난 접시, 컵, 포크, 나이프 등을 모두 넣었다. 수세미로 닦은 그릇을 다시 세제를 넣지 않은 양푼의 물에 담갔다가 꺼낸 후 마른 행주로 닦아서 설거지를 끝냈다. 옆에서 보고 있던 한국 자매는 거의 토할 것 같아 주방 밖으로 나가 있었다. 영국 자매는 설거지를 다 하고 그릇을 모두 찬장에 넣고 자기 방으로 돌아갔다.

한국 자매가 다시 주방으로 들어와서 접시와 식기를 만져 보았다. 접시는 여전히 끈적끈적했다. 한국 자매는 '이렇게 더럽게 설거지를 하다니' 하고는 모두 꺼내어 한국식으로 흐르는 물에 다시 설거지를 했다.

영국 자매는 한국 자매가 숙소로 돌아오지 않는 것을 이상하게 여겨 배의 여기저기를 찾아보았다. 조금 전 자기가 설거지를 하고 나온 주방에 다시 불이 켜져 있는 것을 보고 수상한 생각이 들어 주방으로 가 보니, 한국 자매가 자기가 이미 설거지를 마친 접시를 모두 꺼내어 다시 설거지를 하고 있는 것이 아닌가. 영국 자매는 머리끝까지 화가 났다.

영국 자매는 주방 문을 열고 들어가 한국 자매에게 언성을 높이며 말했다. 이렇게 하면 물을 낭비하는 것이라는 둥, 원래 설거지는 양푼 두 개로 할 수 있다는 둥, 자기가 이미 해 놓은 것이라는 둥……. 설상가상으로 한국 자매는 영어를 자유롭게 구사하지 못했다. 영국 자매가 옆에서 지껄이는 것을 반박하고 싶었지만 영어로 유창하게 말할 수가 없었다. 화가 날 대로 난 한국 자매가 영국 자매에게 자신이 할 수 있는 수준의 영어로 맞받아쳤다.

"Kill me! kill me! You die! Me die!"

아마도 "죽여라, 죽여! 너 죽고 나 죽자!"를 영어로 한 모양인데 그 사건 이후로 영국 자매는 한국 자매가 무서워서 근처에도 가지 않았다는 전설이 전해 내려오고 있다.

이 두 자매는 설거지 하다가 서로 다투려고 배에 탄 것이 아니다. 영광스러운 주님의 복음을 증거하기 위해서 그 배에 탄 것이다. 하지만 서로 다른 룰 때문에 그들은 힘들어하며 지내야 했다.

타문화에 간 사람들이 일상에서 힘들어하는 또 다른 예를 하나 더 들어 보겠다.

화장실 문이 닫혀 있다면

서양 사람과 동양 사람은 화장실을 사용하는 방식도 다르다. 서양 사람은 화장실을 사용할 때는 문을 닫아 두고 화장실을 사용하지 않을 때는 문을 열어 놓는다. 우리나라 사람은 대부분 화장실을 사용하지 않을 때에도 문을 닫아 두고 화장실에 누가 있는지를 알아보려면 화장실 문을 노크한다. 하지만 서양 사람들에게 화장실 문을 노크하는 것은 큰 실례다. 서양 사람들은 화장실 문이 닫혀 있으면 누군가 안에서 일을 보고 있다고 생각한다. 그래서 어떤 경우에는 화장실 문을 아예 잠그지도 않고 닫아만 놓은 채로 일을 보기도 한다.

서양 사람들은 화장실 문 앞에서 왜 노크를 하지 않을까? 미국 등 몇몇 서양 국가를 방문하면서 그 이유를 알게 되었다. 우리나라는 대부분 화장실 문과 변기 사이가 가깝다. 그래서 누군가 밖에서 화장실 문을 노크하면 안에서도 노크로 화답할 수 있다. 반면 미국이나 유럽의 화장실은 대부분 변기와 화장실 문 사이가 상당히 떨어져 있어서 노크에 화답하는 것이 불가능하다.

만약 서양 선교사와 우리나라 선교사가 함께 지낸다면 어떻게 될까. 서양 선교사가 화장실 문을 닫고 안에서 일을 보고 있는데 한국 선교사가 와서 화장실 문을 두드리면 서양 선교사는 어떻게 생각할까? 만약 한국 선교사가 화장실을 사용하고 나서 문을 닫고 나왔는데 서양 선교사가 누군가 안에 있는 줄 알고 삼십 분 이상 문 앞에 서 있었다면 어떻게 될까? 그런 일이 매번 반복된다면 어떻게 될까?

이 사람들은 아침에 잼을 빵에 발라 먹다가 마음이 상하거나 설거지하는 일로, 화장실 사용하는 일로 서로 다투기 위해서 선교지에 온 것이 아니다. 그들은 모두 영광스런 하나님의 복음을 전하러 왔다. 하지만 일상에서 접하는 룰이 다르기 때문에, 동역해야 할 사람들이 서로 힘들어하게 되는 것이다.

2장

문화적 차이 1

못 말리는 가치

1장에서 우리는 문화를 게임의 룰이라는 관점에서 살펴보았다. 이렇게 생각하면 문화를 이해하는 것이 무척 쉽게 느껴지지만 실제로 타문화를 깊이 이해하는 것은 그리 쉬운 일이 아니다. 타문화를 이해하기가 어렵다고 느끼는 이유는 문화가 겉으로 드러난 행동 양식으로만 이루어진 것이 아니라 여러 가지 개념과 가치를 포함하는 복잡한 구조로 이루어져 있기 때문이다.

문화의 구조를 들여다보면 맨 바깥에는 행동 양식이 자리 잡고 있다. 행동 양식은 식탁에서 다른 사람 앞에 있는 잼을 어떻게 가져다 먹느냐와 같은 것으로, 초기에는 스트레스를 받기도 하지만 어느 정도 시간이 흐르면 비교적 수월하게 파악할 수 있고 마음만 먹으면 얼마든지 따라 할 수도 있다.

하지만 문화 안에는 가치라는 요소도 있다. 행동 양식을 결정하는 것은 이 가치다. 예를 들어 보자. 우리나라 문화에서 중요한 가치 가운데 하나는 나이(age)다. 만약 나이가 중요한 가치라는 것을 실감하고 싶다면 큰길에 나가 교통사고를 처리하는 사람들을 지켜보라. 서로 누가 잘했느니 잘못했느니 시시비비를 가리다가 결국 나오는 말이 무엇인가?

"너, 나이가 몇인데 이래?"

나이와 교통사고 사이에 어떤 필연적인 관계가 있다고 믿는 사람은 아무도 없을 것이다. 하지만 우리 문화에서 나이를 문제 삼는 경우는 흔히 볼 수 있다.

우리나라에서는 오래 전부터 나이가 많은 사람은 젊은 사람에 비해 많은 경험과 지식을 가지고 있기 때문에 존경받아야 한다고 생각해 왔다. 우리 문화에서는 나이라는 가치가 사람들의 호칭에도 결정적인 영향을 미친다. 영어로 된 소설에서 'brother'와 'sister'가 나오면 우리는 이 사람이 형인지 남동생인지, 언니를 말하는지 여동생을 말하는지 정리가 되지 않아 헛갈린다. 하지만 나이를 우리만큼 중요한 가치로 여기지 않는 미국 사람에게는 'brother'가 형이든 동생이든 전혀 문제가 되지 않는다.

"나를 '안젤라'라고 불러 줘!"

필자가 인도네시아 족자카르타에서 교수로 있을 때 같은 대학에 호주 선교사가 있었다. 안젤라 호프라는 선교사인데 박사 학위를 가지고 있는 분이라 처음에 그분을 부를 때 "호프 박사님!" 하고 불렀다. 어느 날 그 선교사가 정색을 하고 내게 부탁을 했다. "나를 '호프 박사님'이라는 호칭 대신 그냥 '안젤라'라고 불러 주세요."

참고로 그 선교사는 우리 어머니와 같은 나이였다. 호주에서는 가급적 사람들의 나이나 직위 때문에 생기는 거리를 줄이려고 노력한다. 하지만 우리나라에서는 이 거리를 인정해야만 된다. 만약 내가 한국에서 친근하게 느끼기 위해 우리 어머니의 친구에게 "야, 경자야!" 하고 부른다면 어떤 일이 벌어지겠는가. 아마 몇 대 맞고 끝난다면 천만다행일 것이다.

만약 서양에서 온 선교사가 우리나라에서 나이라는 가치를 존중하지 않는다면 어떤 일이 벌어질까? 그가 자기 나라에서 아무리 훌륭한 신학 교육을 받았고 사람들에게 아무리 대단한 영적 영향을 미친다고 해도 한국 교회에서 나이라는 가치를 존중하지 않는다면 곧 커다란 문제에 직면할 것이다.

우리나라에서 나이와 함께 매우 중요한 가치로 여겨지는 것이 직위다. 조직 내에서는 상사의 말이나 결정이 중요하다. 그 영향으로 직장에서 나이가 어리거나 직위가 낮은 사람은 상사의 결정에 따라 수시로 일정이나 업무가 바뀌게 마련이다. 함께 여행을 계획할 때도 직위가 낮은 사람의 일정은 직위가 높은 사람의 일정에 따라 달라진다. 하지만 이런 가치를 존중하지 않는 문화에서 자란 서양 선교사에게는 한국의 이런 문화가 매우 이상하게 보이고 심지어 견디기 어려운 것으로 생각될 것이다.

어떤 영국 출신 선교사에게 한국에서 가장 어려웠던 일이 무엇이냐고 묻자, 한국 친구들이 약속을 해 놓고 그날 아침에 전화로 "갑자기 회사에서 일이 생겼어요" 하며 약속을 취소하는 것이라고 대답했다. 수평적인 관계에서만 자란 서양 선교사들은 수직적인 관계에 더 높은 가치를 부여하는 동양의 문화에 충격을 받을 수 있다.

문화의 4층 구조

한 문화의 행동 양식은 그 문화 안에 있는 가치에 영향을 받는다. 문화 안에는 행동 양식과 가치만 있는 것이 아니라 믿음과 세계관이라는 또 다른 층이 존재한다. 가치는 그 안쪽에 있는 믿음에 영향을 받으며, 믿음은 다시 세계관의 영향을 받는다. 로이트 콰스트(Lloyd Kwast)라는 학자는 이것을 다음과 같은 4층 구조로 설명하고 있다.

이 문화의 4층 구조를 조금 더 상세히 살펴보면 다음과 같다.
동심원의 맨 밖에 위치한 행동 양식(Pattern of behavior)은 우리의 일상생

활에서 일어나는 모든 행위를 포함한다. 예를 들어 앞에서 이야기한 대로 식사할 때 손으로 밥을 먹는지 숟가락으로 밥을 먹는지, 인사할 때 고개를 숙여 목례를 하는지 손을 내밀어 악수를 하는지 아니면 포옹을 하는지 등등이다. 행동 양식은 겉으로 드러나기 때문에 누구나 쉽게 인식하고 따라 할 수 있다.

두 번째 동심원인 가치(Value)는 맨 바깥 동심원인 행동 양식을 결정하는 요소다. 앞에서 설명했듯이 한국 문화에서 매우 중요한 가치 가운데 하나는 '나이'다. 우리나라에서는 나이를 매우 중요한 가치로 여기지만 나이를 그만큼 중요한 가치로 여기지 않는 나라도 많이 있다. 한 문화 안에서 중요하게 여겨지는 가치를 알아내는 것은 행동 양식을 파악하는 것에 비하면 상당히 어려운 일이다.

세 번째 동심원인 믿음(Belief)은 가치에 지대한 영향을 주는 요인이다. 믿음은 어떤 문화 안에서 사람들이 공유하는 절대적인 의미를 말한다. 이런 믿음은 오랜 기간 문화 안에서 받아들여졌기 때문에 쉽게 변화하지 않으며 이런 믿음에서 가치가 형성된다.

마지막으로 세계관(World-view)은 어떤 문화 안에서 그 사회를 구성하는 기본적인 틀로서, 대부분 종교와 깊은 관련이 있다. 이 세상은 어떻게 만들어졌는가, 사람은 어디서 왔는가, 죽으면 어디로 가는가와 같은 질문에 해답을 주는 것을 세계관이라고 부른다.

이 네 가지 요소는 서로 밀접하게 관련을 맺고 있다. 실제 있었던 사례를 가지고 문화의 4층 구조를 살펴보자.

"우리 집에 손님이 오셔서······."

한국인 선교사가 중동 지역에 위치한 A국의 병원에서 현지 외과 의사들과 함께 일하고 있었다. 어느 날 우연히 현지 의사 한 명이 환자에게 전화하는 것을 들었다. "오늘 우리 집에 멀리서 손님이 오시기로 해서 수술을 내일로 미뤄야 할 것 같습니다." 그 환자는 그날 오후에 수술을 받기로 되어 있었다.

만약 당신이 이런 전화 통화를 옆에서 들었다면 그 현지인 의사를 어떻게 생각하겠는가? 아마도 그 의사를 불성실하거나 책임감이 없는 사람이라고 부정적으로 생각할 것이다. 심한 경우에는 그 사람의 의사 자격을 박탈해야 한다고 생각할 수도 있을 것이다.

하지만 A국의 문화를 심도 있게 살펴보면 달리 생각할 수도 있다. A국 사람은 손님 접대(hospitality)를 매우 중요한 가치로 여긴다. 만약 그가 의사로서 환자를 치료한다는 핑계로 멀리서 온 손님의 대접을 소홀히 한다면 그는 자신이 속한 사회에서 예의 바르지 못한 사람으로 지탄을 받을 것이다. 마치 우리나라에서 아무리 지위가 높고 실력을 인정받는다 해도 나이를 존중하지 않으면 사회적 지탄을 받는 것과 같다.

A국에서 손님 접대를 중요한 가치로 여기는 것은 아마도 그들 문화 안에 있는 믿음에서 나왔을 것이다. A국 사람들은 손님을 접대하는 것이 곧 천사를 대접하는 것이라고 믿는데, 이는 구약 시대 유대인의 믿음과 비슷하다.

창세기 18장에는 아브라함이 손님을 접대하다가 천사를 대접한 이야기가 나온다. 아브라함이 자기 장막 앞에 앉아 있을 때 나그네 몇 사람이 지나가는 것을 보고, 그 사람들을 자기 장막으로 불러들여 맛있는 음식을 대접했다고 한다. 아브라함은 지나가는 나그네의 머리 위에 천사 표가 뜬 것을 보고서 그들을 초대한 것이 아니다. 그 당시에는 자기 집 앞을 지나가는 나그네를 초대하여 대접하는 것이 당연한 문화였을 것이다.

아브라함의 이야기는 4,000년 전에 일어난 이야기이므로 오늘날 의미가 있을까 하고 의문을 제기하는 독자도 있을 것이다. 하지만 지금도 손님 접대를 중요한 가치로 여기는 사회가 존재한다.

일전에 몽골을 방문했을 때 그곳 선교사에게 들은 이야기는 아브라함의 손님 접대와 매우 유사하다. 몽골 사람들은 유목 민족이기 때문에 자기 동네를 떠나서 좋은 목초지를 찾아 양떼를 데리고 이동하는 경우가 많다. 이렇게 다른 지역으로 갈 때 몽골 사람들은 자기 천막집의 문을 잠그지 않는다고 한다. 그뿐 아니라 음식을 준비해서 천막집 안에 두기까지 한다. 혹시라도 자기 집 앞을 지나가는 나그네가 들어와 먹도록 배려한 것이다. 식당이나 가게가 없는 광활한 초원 지역에서 민가는 나그네가 음식을 얻을 수 있는 유일한 곳이기 때문이다.

중동에 위치한 A국 사람들의 세계관은 구약 시대 유대인의 세계관과 유사하다. 이슬람을 믿는 A국 사람들은 하나님이 천사를 보내실 수 있으며, 천사들이 손님의 모습으로 자기 집을 방문할 수 있다고 굳게 믿는다.

그렇다면 손님 접대를 위해 환자에게 전화를 걸어 양해를 구한 A국 외과 의사에 대해 어떻게 생각하는가? 아마도 처음에 전화 통화 이야기를 들었을 때의 평가와, 그들의 세계관을 이해하고 난 지금의 평가는 조금 다를 것이다. 이것을 앞에서 설명한 문화의 동심원에 넣어 보자.

- 진료 연기
- 손님 접대
- 천사의 방문
- 이슬람 세계관

행동 양식 A국 의사는 손님을 접대하기 위해서 환자의 수술을 다음 날로 미룬다.
가　　치 손님 접대는 그 사회에서 어떤 것보다 우선되어야 한다.
믿　　음 하나님이 손님을 가장해서 자기 집에 천사를 보낼 수 있다고 믿는다.
세 계 관 구약 시대 유대인의 세계관과 비슷한 이슬람 세계관을 소유하고 있다.

만약 한국인 선교사가 손님 접대 때문에 환자의 수술을 미루었다는 이유로 현지인 의사를 처벌한다면 그 사회에서 어떤 일이 벌어지겠는가? A국 사람들은 손님 접대를 잘한 그 의사를 나무라지 않고 오히려 자신들의 문화를 이해하지 못하는 한국 선교사에게 문제가 있다고 생각할 것이다.

어떤 문화에서는 체면이 가장 중요한 가치로 여겨진다. 이런 문화에서는 어떤 상황에서도 상대방의 낯을 뜨겁게 만드는 일은 하지 말아야 한다. 만약 정직을 가장 높은 가치라고 생각하는 사람이라면 체면을 중요한 가치로 여기는 문화에서 어려움을 당할 수도 있다.

부정행위와 체면

인도네시아에서 회계학 강의를 처음 시작할 때의 일이다. 중간고사 시험 감독을 하러 들어가서 부정행위 하는 학생을 적발한 적이 있다. 나는 그 학생에게 다가가서 내가 지켜보고 있다는 신호를 주었다. 하지만 그 학생은 내가 보지 않는 것 같다고 생각될 때 다시 부정행위를 시도했다. 나는 다시 그 학생에게 다가가서 '다음부터 한 번만 더 이렇게 하면 시험 답안지를 빼앗고 시험장에서 내보내겠다'고 경고를 주었다. 그 학생은 미안한 표정을 짓고 그 후로는 부정행위를 하지 않았다. 나는 성실한 감독자로서 내가 한 행동에 대해서 만족하고 있었다.

시험이 끝나자 현지 교수 몇 사람이 나에게 와서 다시는 그러지 말라고 부탁을 했다. 현지 교수들은 내가 많은 사람 앞에서 그 학생에게 망신을 주었으며 사람들 앞에서 망신을 주는 것은 자신들의 문화에서 가장 조심해야 할 일이라고 일러 주었다. 인도네시아에서는 부정행위를 하는 것보다 많은 사람 앞에서 다른 사람의 체면을 손상시키는 것이 더 문제가 된다. 그럴 경우 망신을 당했다고 생각하는 학생은 망신을 준 교수에게 보복을 할 수도 있다는 것이다.

'그렇다면 인도네시아에서는 부정행위를 해도 되느냐'고 인도네시아 현지 교수들에게 물었다. 그러자 교수들은 자신들이 하는 방식을 알려 주었다. 부정행위를 하는 학생의 이름을 알아 두었다가 영점으로 처리한다는 것이다. 그러면 그 학생을 망신 주지 않고도 부정행위를 한 잘못을 깨닫게 할 수 있다고 말해 주었다.

이것은 어떤 경우에도 다른 사람의 체면을 중요한 가치로 여기는 인도네시아에서 당연하게 받아들여지는 상황이다. 마치 우리나라에서 교통사고가 난 상황에서도 나이라는 가치가 중요하고, A국에서 의사에게 환자의 수술보다 손님 접대가 중요한 것과 마찬가지인 것이다.

오해

오해는 문화가 다른 곳에서 흔히 생기는 일이다. 우리가 타문화를 바르게 이해하지 못한 상태에서 보내는 신호를 타문화 사람들이 잘못 읽을 때 오해가 발생한다.

서양 사람들은 대화를 할 때 나이나 지위와 상관없이 눈을 똑바로 쳐다보고 대화를 한다. 하지만 아시아 사람들은 자기보다 나이가 많거나 지위가 높은 사람과 대화할 때 눈을 똑바로 보지 않고 대화하는 것이 예의 바른 방법이라고 생각한다. 서양 사람은 눈을 마주치지 않고 대화하는 아시아 사람을 정직하지 않다고 생각하고, 아시아 사람은 눈을 똑바로 뜨고 말하는 서양 사람을 예의 바르지 못하다고 생각한다.

인도에서는 머리를 좌우로 흔드는 것이 긍정을 의미하지만 우리나라에서 그것은 부정을 의미한다. 머리를 좌우로 흔들면 부정의 의미요, 상하로 흔들면 긍정의 의미라는 것은 누가 정한 것인가? 인도에서 긍정할 때 머리를 좌우로 흔드는 것은 인도 사회의 룰이다.

특별한 사이가 아닌 남녀 간에 친밀함을 나타내는 룰도 문화에 따라 다르다. 서양에서 남녀 간에 친밀감을 나타내는 방식은 아시아나 다른 지역 사람들이 볼 때는 오해를 불러일으킬 가능성이 있다. 처음 인도네시아에 갔을 때 나는 깜짝 놀랐다. 영국 출신의 OMF 필드 디렉터가 내 아내를 얼른 안더니 볼에 키스를 하는 것이었다. 그것도 내가 보는 앞에서! 만약 우리나라에서 다른 남자의 부인에게 그렇게 한다면 그것은 단순한 친밀감의 표시보다 훨씬 더 깊은 의미로 해석될 것이다.

"남편이 집에 없어요"

이슬람 지역에서 사역하던 미국 선교사가 잠깐 출타 중일 때 그 동네에서 선교사와 친하게 지내는 무슬림 친구가 집에 찾아왔다. 짧은 옷을 입고 있던 선교사 부인은 동네에 사는 남편의 친구가 찾아왔기 때문에 아무 생각 없이 남편은 외출 중이지만 곧 돌아올 테니 집에 들어와 응접실에서 기다리라고 말했다. 손님으로 온 남자는 선교사 부인이 머물라고 하는 응접실에 있지 않고 선교사 부인을 따라 안채까지 들어왔다. 무슬림 이웃은 그 부인이 짧은 옷을 입고 남편이 없는 집 안에 들어오라고 하자 틀림없이 자신에게 어떤 신호를 보낸 것으로 오해했던 것이다.

이기적인 아이들?

서양 아이들과 동양 아이들이 음식을 대하는 태도에 대한 오해도 심각한 문제를 일으킬 수 있다.

어느 국제 학교의 기숙사에서 있었던 일이다. 방과 후 아이들은 농구를 하고 식당으로 가서 저녁 식사를 했다. 한국 아이들이 다른 아이들보다 식당에 먼저 들어왔는데 식탁에 맛있는 햄이 놓여 있었다. 한국 아이들은 아무 생각 없이 햄을 몇 개씩 가져다 먹었다. 얼마 시간이 지나지 않아 서양 아이들이 식당으로 들어왔다. 한국 아이들이 햄을 모두 가져간 것을 알고 서양 아이들은 즉시 기숙사 보모에게 한국 아이들이 햄을 모두 가져갔다고 일러바쳤다. 서양인인 기숙사 보모는 한국 아이들을 불러다 놓고, 햄을 하나씩만 먹어야지 몇 개씩 먹는 것은 다른 아이들을 배려하지 않는 이기적인 행동이라고 야단을 쳤다. 그리고 앞으로 일주일 동안 햄을 먹을 수 없도록 처벌을 내렸다. 한국 아이들은 이 사실을 즉각 부모들에게 전화로 알렸고, 한국 아이들과 마찬가지로 기숙사 보모의 조치를 이해할 수 없었던 한국 부모들은 교장에게 가서 따졌다. 서양인인 기숙사 보모나 교장 선생님은 한국 아이들이 이기적이라고 오해한 것이다.

만일 서양 아이들이나 기숙사 보모가 한국의 문화를 알았다면 이런 오해는 생기지 않았을지도 모른다. 한국에서는 늘 음식을 충분히 장만한다. 특별히 아이들에게는 매우 너그러운 것이 한국의 문화다. 한국 아이들이 햄을 넉넉히 가져간 것은 이기적이기 때문이 아니라 음식이 모자라면 분명히 더 나올 것이라고 생각했기 때문이다. 하지만 서양 아이들은 다른 이해를 가지고 있었다. 음식은 식탁에 놓여 있는 것이 전부이고, 식탁 위의 음식을 모두 가져간 한국 아이들은 자기들을 배려하지 않는 이기주의자들이라고 생각한 것이다.

고맥락적 커뮤니케이션

타문화 사역을 할 때 고맥락적 커뮤니케이션(high-context communication)과 저맥락적 커뮤니케이션(low-context communication)이라는 개념을 이해하는 것은 많은 도움이 된다. 이 개념은 에드워드 홀(Edward T. Hall) 교수가 국가 간의 문화 차이를 소개하면서 언급한 개념이다. 저맥락적 커뮤니케이션이란 의사소통을 하는 발신자와 수신자 사이에 상황적 맥락과 상관없이 메시지 그대로의 의미만 전달되는 것을 말한다. 반면 고맥락적 커뮤니케이션이란 메시지의 의미가 상황과 맥락에 따라서 다르게 해석되어 전달되는 것을 말한다. 저맥락적 커뮤니케이션에서 '예'라고 하면 '예'의 의미일 뿐, 다르게 해석되는 경우는 없다. 하지만 고맥락적 커뮤니케이션을 하는 사회에서는 '아니오'가 반드시 '아니오'가 아닐 수 있고 '예'라고 했다고 해서 반드시 '예'가 아닐 수 있다.

바사바시

인도네시아에서 만나는 가장 커다란 문화 충격은 소위 '바사바시'(basa-basi)라는 것이다. 인도네시아 말인 바사바시는 우리말로 번역하면 '예의상 하는 말이나 행동'을 뜻한다. 강연을 할 때도 본론을 말하기 전에 예의를 차리고 하는 말을 바사바시라고 하고 비즈니스를 할 때도 본론으로 들어가기 전에 예의를 차려 인사를 하는 것을 바사바시라고 한다. 하지만 외부인에게 이해되지 않는 바사바시도 있다.

필자가 처음 인도네시아에 도착해 반둥에서 언어를 배울 때의 일이다. 이민국 일로 족자(족자카르타)에 갔다가 그곳에서 장차 회계학을 가르치게 될 두따와짜나 대학교의 교수들을 만나 대화를 나누었다. 한국에서 회계학 교수가 온다는 소식만 들었지 나를 실제로 만난 적이 없는 인도네시아 교수들은 나에게 좋은 인상을 주려고 애쓰는 것 같았다. 이런저런 이야기를 하다가 내 박사 논문 주제로 화제가 옮겨 갔다. 내가 박사 논문으로 '다국적 기업의 대체 가격에 관한 논문'을 썼다고 하자 교수들은 매우 흥미로운 주제라며 그 주제로 학술 발표회를 한번 열자고 했다. 그러면서 언제 다시 족자로 올 수 있느냐고 물었다. 마침 이민국의 비자 수속이 필요해 몇 달 뒤에 다시 족자에 올 일이 있다고 대답하자 인도네시아 교수들은 마침 잘되었다면서 그때 맞춰서 학술 대회를 하자고 했다. 인도네시아 교수들의 적극적인 제안에 나는 흥분이 되었다. '와, 인도네시아 교수들 앞에서 내 박사 논문을 주제로 발표를 하다니!' 잘 준비해서 발표를 해야겠다고 생각을 하며 집으로 돌아왔다.

반둥으로 돌아와 발표할 내용을 준비하고 있었는데 한 달이 지나도 두따와짜나 대학교로부터 구체적인 연락이 없었다. 족자에서 사역하는 OMF 선교사에게 전화를 걸어서 학술 발표회 준비에 대해서 물어봐 달라고 부탁했다. 며칠 후 그 선교사가 전해 준 말은 가히 충격적이었다. 경영학과에 가서 물어봤지만 5월에 있을 학술 발표회에 대해 아는 사람은 한 명도 없다는 것이다. 나중에야 학술 발표회 이야기가 내 기분을 좋게 하려고 한 인도네시아 교수들의 '바사바시'였다는 것을 알게 되었다. 만약 정말로 학술 발표회를 할 계획이라면 반드시 서면으로 계획안이나 초청장이 온다는 것이다. 그리고 보니 인도네시아에서는 아주 작은 교회에서 설교 부탁을 하더라도 반드시 서면으로 나에게 초청장이 왔다. 그 초청장에는 반드시 교회의 담임 목사나 수석 장로의 서명이 있어야만 한다.

학술 발표회 건은 내가 인도네시아에 도착해서 얼마 지나지 않았을 때 일어난 일이었고 인도네시아 문화에서 가장 중요한 바사바시라는 개념을 잘 몰랐기 때문에 생긴 해프닝으로 넘어갈 수 있었다. 그런데 인도네시아에서 몇 년 동안 사역을 하고 바사바시에 대해서 충분히 이해했다고 믿고 있던 중에 다른 사건이 발생했다.

사라의 진심은?

인도네시아에서 6년차 사역을 하고 있던 어느 날, 족자카르타의 가자마다(Gaja Madah) 대학교에 다니는 사라 자매가 긴히 할 말이 있다며 죠이 사무실로 나를 찾아왔다. 무슨 말을 할지 전혀 예상하지 못하고 앉아 있는 내게 사라가 입을 열었다.

"어제 제가 한국에 가는 문제를 아버지와 의논했는데, 아버지가 그러면 졸업 논문은 언제 끝낼 거냐고 물으셨어요. 아버지 말을 생각해 보니 아무래도 이번 여름에 한국을 다녀오면 논문 쓰는 데 지장이 있을 것 같아 한국 가는 것을 포기하려고요."

사라는 1996년 8월 한국에서 열리는 선교한국 대회에 참석할 대표단으로 선발되어 한국 방문을 준비하고 있었다. 대표단은 모두 세 명으로, 전체 회원 80명 가운데 선발되지 못한 나머지 학생들의 부러움을 사고 있었다. 처음에 사라가 논문 때문에 한국에 가기 힘들다고 말을 꺼냈을 때만 해도 무슨 뚱딴지 같은 소리를 하나 하고 생각했지만 가만히 이유를 들어보니 일리가 있었다. 그래서 사라에게 물었다.

"논문 때문이라면 충분히 이해가 되네. 그러면 사라 대신 누가 한국에 가면 좋겠어?"

사라는 얼른 '오삔'이라는 자매가 대신 가면 좋겠다고 대답했다. 오삔은 한국에 가고 싶은 마음에 여러 사람에게 자신이 뽑히지 못한 것에 대한 안타까움을 이야기하고 다닌 자매였다. 사라가 있는 자리에서 곧바로 오삔에게 전화를 했다. 그리고 오삔에게 사라가 논문 때문에 이번 여름에 한국을 가기 어려운데 대신 갈 수 있냐고 물었다. 오삔은 기다렸다는 듯이 자기가 한국에 갈 수 있다고 대답했다. 오삔과 전화 통화가 끝나자 사라는 내게 인사를 하고 사무실을 떠났다.

저녁 늦게까지 죠이 사무실에서 임원 회의를 마치고 집으로 돌아와 옷을 갈아입고 잠자리에 들려고 할 때였다. 이미 꽤 늦은 시간이었는데 전화벨이 울렸다. 죠이 임원으로 섬기는 형제에게서 온 전화였다.

"빡 손, 사실은 사라가 한국에 가고 싶어합니다."

나는 그 형제의 말을 듣고 무척 당황스러웠다. 하지만 당황하지 않고 침착한 목소리로 그 형제에게 그날 아침에 사라와 나눈 이야기를 들려주었다.

"어제까지는 사라가 한국에 가기로 했지만, 오늘 아침에 사라와 만나서 오삔이 대신 가기로 이야기했으니 걱정하지 않아도 됩니다. 밤이 늦었으니 잘 쉬고 내일 만납시다."

전화를 끊고 다시 잠을 청하려고 하는데 다른 형제에게서 또 한 통의 전화가 걸려 왔다. 이번에도 조금 전 통화를 한 형제와 비슷한 이야기를 전해 주었다.

"사실은 사라가 한국에 가고 싶어합니다."

그래서 먼저 전화를 건 형제에게 해 준 말과 똑같은 말을 다시 들려주고 전화를 끊었다. 밤중에 걸려 온 두 통의 전화 내용을 다시 생각해 보다가 내가 문화적으로 큰 실수를 하고 있다는 생각이 들었다.

사라는 다른 학생들 앞에서 자신이 한국에 간다고 말하는 것이 매우 어려웠던 모양이다. 그래서 나를 찾아와 논문 이야기를 꺼내 본 것이다. 그렇게 해서 다른 학생들 앞에서 자신의 체면을 지키고 싶었던 것이다. 사라가 한 말은 액면 그대로 받아들일 것이 아니라 사라가 처한 맥락 속에서 해석해야 했던 것이다. 아마도 사라는 다음과 같은 반응을 기대했을 것이다.

"무슨 소리야? 사라, 네가 한국에 가야지. 논문은 한국 다녀와서 열심히 쓰면 될 것 같은데!"

만약 내가 사라에게 이렇게 말해 주었다면 사라는 친구들에게 할 말이 있었을 것이다.

우리가 보기에는 바사바시와 같은 고맥락적 커뮤니케이션이 '닭 잡아 먹고 오리발 내미는' 것처럼 생각될지도 모른다. 하지만 인도네시아에서 바사바시는 부정적으로 여겨지지 않는다. 오히려 성숙한 사람이 예의를 지키는 태도로 여겨진다. 바사바시를 모르는 어른은 어린 아기 취급을 받을 것이다. 아기들은 자신의 감정을 숨기지 않고 하고 싶은 대로 말하고 하고 싶은 대로 행동하기 때문이다.

고맥락 문화에서 정답은 없다. 굳이 말하자면 "그때 그때 달라요!"가 정답이다. 고맥락 문화에 있는 사람들이라고 해서 메시지의 의미를 백 퍼센트 이해하는 것은 아니다. 하지만 그 문화의 내부인은 외부에서 온 사람에 비하면 그 의도를 훨씬 잘 이해한다.

물건을 훔친 가사 도우미

집에서 일하는 가사 도우미가 집 안의 물건을 훔친다는 심증이 있을 때 여러분은 어떻게 하겠는가? 상대적으로 저맥락적 커뮤니케이션에 익숙한 한국 사람과 고맥락적 커뮤니케이션을 하는 인도네시아 사람은 확실히 다르게 행동할 것이다.

가사 도우미가 집 안의 물건을 훔칠 때 인도네시아 주부들은 가사 도우미를 데려다가 혼을 내거나 자백하라고 강요하지 않는다. 확실하다는 심증이 있다면 가사 도우미를 내보내기 위해 수순을 밟는다. 표정을 쌀쌀하게 한다든지 아침에 일어났을 때 인사를 대충 한다든지 해서 '난 네가 물건을 가져간 것을 알고 있어!'라는 느낌이 전달되도록 행동하는 것이다. 그러면 가사 도우미도 확실하게 주인의 메시지를 받아들이고 그 집에서 나가기 위한 수순을 밟는다. 어떤 가사 도우미는 부모님이 편찮아서 고향을 다녀오겠다고 말하기도 한다. 그러면 그 주부는 가사 도우미를 자연스럽게 내보낸다. 이렇게 문제를 종결하는 것이 서로에게 원한을 사지 않는 방법이다.

한국 기업들이 동남아시아에 진출해서 이런 문화를 모르면 큰 화를 당할 수도 있다. 예를 들어 신발 공장에서 신발을 잘못 만들었다고 많은 사람 앞에서 꾸지람을 하거나 신발을 내던지면 나중에 큰 화를 당할 수 있다. 원한을 가진 사람이 공장에 불을 지르거나 자동차 타이어에 펑크를 내거나 사무실 안에 오물을 갖다 두는 등 보복을 할 수 있다.

매우 직선적인 한국 사람이라면 이 글을 읽고, '와아, 나는 그렇게 돌려 말하는 것은 못해!'라고 생각할지 모른다. 하지만 우리가 현지의 문화를 이해함으로 영광스러운 복음을 효과적으로 증거할 수 있다면 마땅히 그렇게 하도록 노력해야 하지 않겠는가. 사도 바울은 유대인에게는 유대인처럼, 헬라인에게는 헬라인처럼 대했다고 한다. 더 많은 사람을 얻기 위해서.

문화적 실수

1장에서 문화를 게임의 룰이라고 서술한 바 있다. 외부에서 온 사람들은 대부분 실수를 통해 그 문화의 룰을 배워 간다. 하지만 문화마다 절대로 하지 말아야 하는 문화적 실수가 있는데 이를 '터부'(taboo)라고 부른다. 대부분의 터부는 문화의 4층 구조에서 안쪽 동심원에 위치한 믿음과 관계가 있다. 겉으로만 보면 터부는 어리석은 관습처럼 보인다. 하지만 그 문화의 세계관에 기초한 믿음과 그들 나름의 오랜 경험을 통해 생겨난 결과이기 때문에 터부는 쉽게 무너지지 않으며 이를 지키지 않는 사람에게는 심각한 처벌이 내려질 수도 있다.

예를 들어 40-50년 전만 해도 우리나라에서는 산모가 아기를 낳으면 집 대문에 새끼줄을 걸어서 외부 사람들이 들어오는 것을 금했다. 이것을 금줄이라고 불렀는데 금줄이 쳐진 곳에 외부인이 들어오면 부정을 탄다고 믿었다. 당시 사람들은 금줄의 기능에 대해 해석하지 않고 그냥 지켰지만 요즘 시각으로 보면 금줄은 면역력이 약한 아기를 외부 사람이 혹시 가지고 올지 모르는 병원균으로부터 보호하는 조치라고 해석된다.

동남아시아에서는 사람의 머리를 만지지 않는다. 지나가는 아이가 귀엽다고 머리를 만지는 행위는 그 아이의 영혼을 건드리는 매우 좋지 못한 행동으로 여겨진다. 왜냐하면 머리에 영혼이 있다고 믿기 때문이다.

타종교의 상징에 대해서도 조심해야 한다. 태국에서 두 명의 몰몬교 선교사가 추방을 당한 적이 있었다. 그들이 누워 있는 부처상에 발을 걸치고 사진을 찍었기 때문이다. 이들이 특별히 불교를 모독할 의도가 있었던 것은 아니다. 아무 생각 없이 보통의 미국 사람이 하는 것처럼 어디에나 발을 올려놓을 수 있다고 생각하고 사진을 찍었던 것이다. 그런데 필름을 현상하던 태국 사람이 이것을 신문사에 제보했고 신문에 실린 이 사진을 본 태국 사람들이 전국에서 문제를 제기하자, 결국 두 선교사는 태국에서 추방을 당했다.

민족 감정

타문화 상황에서 꼭 알아두어야 할 것 가운데 하나는 민족들 사이의 감정에 관한 것이다. 특정 민족들 가운데는 민족 감정을 자극하는 말을 하지 말아야 한다.

싱가포르에 있는 OMF 국제 본부에서 신임 선교사 오리엔테이션에 참석하고 있을 때의 일이다. 첫날 한 선교사가 자기는 스코틀랜드에서 왔다고 소개했다. 며칠이 지나서 그 선교사를 우연히 길에서 만났다. 나는 그 선교사에게 인사를 하면서 영국에서 왔느냐고 물었다. 하지만 내 영어가 문제였다. 당시 나는 영국이 그렇게 복잡한 역사를 가지고 있는지 몰랐다. '영국'(英國)이라는 말은 '잉글랜드'(England)에서 음차한 것이지만 영국은 엄밀히 말해서 네 개 나라로 구성되어 있다. 가장 중심에 있는 잉글랜드, 북쪽에 있는 스코틀랜드, 남쪽에 있는 웨일스, 북아일랜드로 이루어져 있다. 따라서 스코틀랜드를 포함해서 영국 전체를 말할 때는 정확하게 말하려면 'UK'(United Kingdom) 혹은 'Great Britain'이라고 해야 한다. 그런 역사를 모른 채 나는 별 생각 없이 그 선교사에게 잉글랜드에서 왔느냐고 물은 것이다.

"Are you from England?"

그러자 그 선교사는 정색을 하고 자기는 잉글랜드에서 온 것이 아니라 스코틀랜드에서 왔다고 대답했다.

"No, I am from Scotland."

나는 또다시 그 선교사에게 '스코틀랜드가 잉글랜드의 한 부분이 아니냐'고 물었다. 갑자기 영국 선교사는 얼굴이 빨개지면서 '너는 한국이 일본의 일부냐고 말하면 좋겠느냐'고 쏘아붙였다.

'아, 그렇구나!' 스코틀랜드와 잉글랜드의 관계를 모른 채 무심히 말한 것이 그에게 큰 상처를 주었다는 것을 깨달았다. 나중에 영화 〈브레이브 하트〉(Brave Heart)를 보면서 스코틀랜드 사람들이 잉글랜드 사람에 대해 느끼는 감정을 이해하게 되었다. 게다가 비슷한 시기에 나도 비슷한 경험을 하고 민족 감정에 대해 주의하게 되었다.

"한국이 일본의 지배를 오래 받아서"

신임 선교사 오리엔테이션을 받기 위해 싱가포르에 도착한 다음 날 오리엔테이션의 주임 역할을 맡고 있는 일본인 선교사를 만났다. 그는 사무실로 찾아간 나를 반갑게 맞아 주었다. 한 시간 남짓 이야기를 나누다가 오전 10시 반이 되었다. 일본 선교사는 티 브레이크(tea break) 시간이니 함께 차를 마시자며 나를 식당으로 안내했다.

식당에는 둥근 테이블이 여섯 개 있었는데, 국제 본부에서 일하는 모든 간사와 선교사, 싱가포르 홈 사무실에서 사역하는 간사들이 모여서 이야기를 하며 차와 간식을 즐기고 있었다. 나는 식당에 마련된 차와 비스킷을 들고 일본 선교사를 따라 싱가포르 간사 세 명이 담소를 나누고 있는 식탁에 앉았다.

일본인 선교사와 나는 영어로 대화를 했는데 'Yes!'라는 대답을 할 때면 나는 일본인 선교사에게 고개를 숙이며 한국식으로 예의를 갖추었고, 일본인 선교사는 내가 고개를 숙일 때마다 나를 따라 고개를 숙였다. 이런 모습이 싱가포르 간사들에게는 신기하게 보였던 모양이다. 갑자기 같은 테이블에서 차를 마시고 있던 싱가포르 간사 한 명이 우리에게 질문을 던졌다.

"일본 사람과 한국 사람은 왜 그렇게 비슷합니까?"

내가 대답을 하기도 전에 일본인 선교사가 한발 빠르게 대답했다.

"네, 한국과 일본은 매우 비슷합니다. 그것은 한국이 일본의 지배를 오랫동안 받았기 때문이지요."

그 말을 듣는 순간 내 몸의 피가 아래에서 거꾸로 끓어오르는 것 같은 느낌이었다. 다행히 나중에 일본인 선교사에게서 자기가 잘못했다는 사과를 받았으니 망정이지 그렇지 않았다면 그 선교사와 매우 불편한 관계를 계속 유지했을 것이다. 다른 문화에서 온 사람들과 이야기할 때는 민족 감정을 자극하지 않도록 매우 조심해야 한다.

3장

문화적 차이 2

자기문화 중심주의

　다른 문화를 접할 때 사람들은 쉽게 오해를 할 뿐 아니라 자기문화 중심주의가 된다. 자기문화 중심주의란 타문화에서 자기가 가지고 있는 룰에 따라 문화적 판단을 하는 것을 말한다. 실제로 타문화에서는 더럽다, 슬프다, 재미있다고 하는 기준도 우리와 다를 때가 많다. 숟가락으로 밥을 먹는 한국 사람의 눈에는 손으로 밥을 먹는 인도네시아 사람이 더럽게 보일 것이다. 하지만 인도네시아 사람들이 오히려 한국 사람을 더럽다고 생각한다는 것을 알면 여러분은 놀랄 것이다. 더럽다는 것은 객관적인 판단이 아니라 우리의 생각 속에 있는 매우 주관적인 판단일 뿐이다.

인도네시아 사람은 더럽다?
　인도네시아 사람이 손으로 밥을 먹는 것을 보면 우리나라 사람들은 인도네시아 사람이 더럽다고 생각한다. 하지만 잘 생각해 보면 손으로 밥을 먹는 것은 더러운 것이 아니다. 인도네시아 사람들은 밥을 먹기 전에 손을 깨끗이 씻는다.

손으로 밥을 먹는 것이 더럽다는 우리의 생각은 학교에서 현미경으로 손가락의 세균을 관찰하고 난 결과 형성된 확신이 아니다. 어릴 때 우리가 손으로 음식을 만지면 엄마가 "에이, 더러워! 더러워!" 하며 우리 손을 때리며 가르쳤기 때문이다. 손으로 먹는 것이 숟가락으로 먹는 것보다 정말 더 더러운지는 다시 한 번 생각해 봐야 한다.

인도네시아 사람들은 손으로 먹는 것이 숟가락으로 먹는 것보다 더 깨끗하다고 생각한다. 손은 자기 입에만 들어가지만 숟가락은 여러 사람의 입에 들어가기 때문이다. 만약 당신 친구가 사용하던 칫솔을 당신에게 주고 사용하라고 하면 당신은 그 칫솔을 사용하겠는가? 그 칫솔을 딱 한 번만 사용했고 아주 깨끗이 씻었다고 친구가 아무리 설득해도 새 칫솔을 사용할 수 있다면 친구의 칫솔은 사양하고 싶을 것이다. 칫솔에 있는 세균이 문제가 아니라 누군가 사용했던 칫솔이라는 생각이 우리에게 더럽다는 판단을 심어 주기 때문이다.

화장실에 휴지가 없어요

이왕 이야기를 시작했으니 한 가지 더 하고 가는 것이 좋겠다. 인도네시아를 포함해서 인도나 태국처럼 더운 지역에는 화장실에 휴지가 없는 경우가 대부분이다. 그들의 문화를 잘 모르는 사람들은 이 지역 사람들이 일을 본 후 손으로 뒤처리를 한다고 생각하지만 그것은 대단한 오해다. 인도네시아 사람들은 뒤처리를 손으로 하지 않고 물로 한다.

인도네시아에도 경제적으로 여유가 있는 곳에서는 전자동 비데를 사용한다. 그렇지 않은 경우는 대부분 변기 옆에 고무호스가 있는데 그것이 일종의 비데라고 할 수 있다. 평소 고무호스는 강력한 용수철로 닫혀 있다. 일을 다 본 후 그 고무호스를 당겨서 아래에 가져다 대고 튀어나온 놉(knob)을 누르면 고무호스 끝을 막고 있던 뚜껑이 열리면서 물이 뿜어져 나온다.

고무호스가 없는 화장실에는 반드시 물을 담아두는 양동이와 바가지가 있다. 일을 다 본 후에 양동이의 물을 바가지로 퍼서 뒤를 처리하면 된다. 오른손으로 바가지의 물을 떠서 등 뒤 아래쪽 중앙에 대고 살살 흘려준다. 하지만 그곳의 위치가 물이 닿기 쉽지 않은 상황이라 보조 수단이 필요하다. 보조 수단은 왼손이다. 엄밀하게 말하면 왼손 전체도 아니고 왼손바닥이다. 왼손바닥을 그곳에 살짝 갖다 댄다. 우리가 생각하는 것처럼 마른 손으로 쓱싹 비비는 것이 아니라 오른손으로 흘려준 물이 왼손바닥에 고이도록 대주는 것이다. 왼손바닥으로 살짝살짝 거기를 쳐 주어 깨끗하게 한다. 만약 이해가 안 되면 어린 아기의 배설물을 물로 해결해 주는 것을 상상하면 된다.

그리고 화장실 밖으로 나오면 그 앞에 수도꼭지가 있고 비누가 있다. 물을 틀어 비누로 손을 깨끗이 닦으면 모든 과정이 끝난다. 그리고 무엇을 했는지 잊고 지내면 된다. 왼손으로 그것을 했다는 생각에 왼손을 몸 뒤로 하고 걷는 사람도 보긴 했다. 그 사람은 아마도 식사 자리에서 절대로 왼손으로 음식을 집지 않을 것이다.

이제 앞에서 설명한 두 가지 방식을 비교해 보자. 수학 방정식처럼, 인도네시아 사람들처럼 물로 하는 방식을 왼쪽에 놓고 우리가 하는 것처럼 휴지로 일을 처리하는 방식을 오른쪽에 두고 생각해 보자. 인도네시아는 물로 처리한다. 하지만 물로만 해결하기가 어렵기 때문에 보조 수단으로 손을 사용한다. 우리는 어떤가. 우리도 휴지만으로 해결할 수 없기 때문에 보조 수단으로 손을 사용한다. 그렇다면 왼쪽과 오른쪽에 모두 보조 수단으로 손이 있으니 이제 물과 휴지만 비교하면 된다. 아무리 세심하게 처리한다고 해도 휴지로 하면 99.5퍼센트 정도밖에는 해결되지 않는다. 하지만 물로 하면 100퍼센트 해결이 된다. 그러니 어떻게 휴지로 하는 사람들이 물로 하는 사람들에게 더럽다고 말할 수 있겠는가.

이렇게 설명해도 독자들 가운데는 그래도 물과 손으로 매일 뒤처리를 하는 것이 더럽다고 생각하는 사람이 있을지 모른다. 그렇다면 우리는 어떻게 살고 있는지 살펴볼 필요가 있다. 집에서 어린 아기를 키우는 가정주부들도 인도네시아 사람들과 크게 다르지 않게 살고 있다. 아기가 똥을 싸면 아기 엄마는 발로 처리를 하는 것이 아니라 손으로 처리를 한다. 그리고 화장실에 가서 손을 비누로 깨끗하게 씻으면 된다. 음식을 준비할 때면 그 손으로 가족들을 위해서 시금치도 주무르고 콩나물도 무친다. 우리는 동남아 사람들보다 깨끗한 다른 우주의 별에서 사는 사람들이 아니다. 더럽다는 기준은 손에 있다기보다 우리의 생각 속에 있는 것이다.

인도네시아 같은 곳에서 콜레라 등의 수인성 질병이 더 많을 것 같지만 이렇게 손을 늘 닦고 다니기 때문에 훨씬 더 위생적이다. 물로 뒤처리를 하기 때문에 치질 등으로 고생하는 사람도 거의 없다.

성급한 판단

문화가 다른 곳에서 사람들은 자기의 생각에 기초해서 판단하게 된다. 물론 이렇게 내린 판단은 대부분 시간이 지난 후에 틀린 것으로 판명되는 경우가 많다.

수건걸이 사건

필자가 선교지에 나간 첫 사역 기간에 우리 아이들은 족자에 있는 미국 선교사들 가정이 운영하는 홈스쿨링 그룹에서 공부를 하며 지냈다. 하지만 두 번째 사역 기간에 아이들은 쌀라티가에 있는 선교사 자녀 학교에 다니기로 했다. 쌀라띠가는 족자에서 차로 두 시간 거리에 있는 곳이라 아직 어린 아이들이지만 집을 떠나 기숙사 생활을 해야 했다. 기숙사에서 아이들은 네덜란드 출신의 기숙사 보모와 함께 지냈는데, 문화적인 차이 때문에 어려움이 많았다.

기숙사 보모인 네덜란드 선교사는 남편이 깔리만딴이라는 곳에서 교회 개척을 하고 있었고 자신은 세 명의 자녀와 함께 기숙사에서 다른 아이들을 돌보며 지냈다. 이 보모가 기숙사 아이들에게 당부한 한 가지 규칙은 샤워실의 수건걸이가 벽에서 빠지지 않도록 수건을 앞으로 당겨 빼지 말고 반드시 위로 들어서 빼라는 것이었다.

기숙사에는 딸아이보다 나이가 두 살 적은 한국인 여자아이가 있었다. 그 아이는 덩치가 큰 네덜란드인 보모를 늘 무서워했다. 그런데 어느 날 이 아이가 샤워를 하고 나서 부주의하게 수건을 앞으로 빼자, 약한 벽에 겨우 붙어 있던 수건걸이가 빠져 버렸다. 딸아이가 그것을 목격하고는 빠진 수건걸이를 벽에 어떻게든 고정시켜 보려고 노력을 했던 모양이다. 두 아이가 쩔쩔매고 있을 때 마침 기숙사 보모가 샤워실을 지나갔다. 딸아이는 그 순간 수건걸이를 자기가 실수로 떨어뜨렸다고 말했고, 보모는 왜 규칙을 어겼느냐며 딸아이를 야단쳤다.

자기 잘못을 덮어 주기 위해 언니가 야단을 맞는 것이 미안했던 여자아이는 기숙사 보모에게 사실은 자기가 잘못을 저지른 것이라고 말했다. 그러자 보모는 딸아이가 거짓말을 했다면서 더 심하게 야단을 쳤다.

학기가 끝나는 날 아이들을 집으로 데려오기 위해서 기숙사를 방문했더니 네덜란드인 선교사가 수건걸이 사건을 이야기하면서 앞으로 딸아이가 다시는 거짓말을 하지 않도록 집에서 교육을 시켜 달라는 부탁을 했다. 이야기를 다 듣고 난 후 나는 그 선교사에게 한국의 가치에 대해서 설명해 주었다. 한국에서는 선배가 후배를 보호하는 것을 미덕으로 생각하기 때문에 아마도 그런 일이 한국에서 있었다면 딸아이가 거짓말을 했다는 이유로 심하게 꾸지람을 듣지는 않았을 것이라고 말하고, 그럼에도 불구하고 딸아이가 서양 기숙사에서 지내는 한 서양 선교사들이 가지고 있는 가치를 따르도록 가르치겠다는 말도 잊지 않았다.

초문화적 기준

그렇다면 타문화에서 옳고 그른 것에 대한 판단 기준은 무엇인가? 앞에서 살펴본 것처럼 선교사가 자신의 관점에서 타문화를 판단하는 것은 매우 위험하다. 모든 문화는 오로지 성경적 관점에서 평가되어야 한다. 물론 성경도 성경이 기록된 당시 문화의 옷을 입고 있다. 하지만 성경에서 문화를 초월해서 말하려고 하는 원리를 찾아내어 그 원리로 다른 문화를 판단하는 기준을 삼아야 한다.

개신교 선교의 아버지로 불리는 윌리엄 캐리(William Carey)가 인도에 도착했을 때 인도 사람들은 죽은 남편을 장례할 때 살아 있는 부인을 함께 생매장하는 문화가 있었다. 윌리엄 캐리는 그리스도인들이 이런 관습을 따르게 할 수 없었다. 그러나 부인을 생매장하는 관습을 금지시킬 때 그 이유가 영국에서는 그렇게 하지 않기 때문에 금지하는 것이 아니라 성경을 통해서 하나님은 살아 있는 부인의 생명을 빼앗는 것을 기뻐하지 않기 때문이라고 설명해야 했다.

한국인 선교사가 선교지에서 새벽 기도회를 하려고 한다면, 한국 교회에서 하기 때문에 선교지에서도 그대로 해야 한다고 주장하는 것은 현지인에게 낯선 외국의 신앙 형태를 전하는 것이 될 수 있다. 선교사는 현지인들이 성경에서 새벽 기도회를 지지하는지에 대해서 연구하도록 안내할 필요가 있다. 한국 교회에서 새벽 기도회를 하기 때문이 아니라 예수님도 새벽 미명에 나가 기도하셨다고 기록되어 있기 때문에 새벽 기도회를 하기로 한다면 선교지 사람들은 더 잘 받아들일 수 있을 것이다.

그렇다면 성경이 말하지 않는 부분에 대해서는 어떻게 해야 할까? 가능하다면 현지의 성도 공동체가 결정하도록 하는 것이 좋다. 이 부분에 대해서는 5장에서 다루는, 예루살렘 공의회가 개종한 이방인에게 내린 결정을 살펴보는 것이 매우 중요하다. 예루살렘 공의회의 결과를 발표하면서 사도들은 "성령과 우리는"이라는 표현을 사용했다. 성령의 인도를 받는 것이야말로 공동체에서 내리는 결정의 가장 중요한 요소가 되어야 한다. 예루살렘 교회가 성령의 인도를 따라 공동체적으로 중요한 결정을 내릴 수 있다면 현지 교회 성도들도 성령의 인도를 따라 중요한 결정을 내릴 수 있다고 인정해야 한다.

4장

문화 충격과 극복

 자기에게 익숙하지 않은 룰, 즉 다른 문화를 만날 때 이전에 자기 문화 속에만 있을 때와는 다른 충격을 받게 된다. 이러한 충격은 타문화에 체류하는 기간에 비례해서 커진다. 만일 우리가 타문화에 머무는 기간이 상대적으로 짧다면 충격은 그리 크지 않을 것이다. 하지만 낯선 타문화가 이제 내가 살아야 할 곳이라고 생각하면 문화적 차이에서 오는 충격은 매우 커진다. 비교적 짧은 체류 기간에 경험하는 문화적 차이로 인한 충격을 '문화 스트레스'라고 하고 장기 체류 시 경험하는 문화적 차이로 인한 충격을 '문화 충격'이라고 한다.

문화 스트레스

 문화 스트레스(culture stress)는 비교적 단기간 동안 타문화에 머물면서 겪는 문화적 차이에서 나타나는 반응을 말한다. 타문화에 단기적으로 머문다면, 비교적 짧은 시간 문화 차이를 경험하고 자기의 문화로 다시 돌아올 것이라는 기대 때문에 그렇게 심한 어려움을 겪지 않는 경우가 대부분이다. 주로 단기적으로 어느 지역을 여행하는 사람들이 겪는 문화적 차이는 문화 충격이라고 하지 않고 문화 스트레스라고 부른다.

그러나 비록 단기라고 해도 문화가 다른 지역에서 문화적 차이 때문에 갈등하거나 당황스러움을 느끼는 경우는 적지 않다. 하지만 짧은 기간 동안 이루어지는데다가 잠시 후면 자신에게 익숙한 문화로 돌아간다고 생각하기 때문에 많은 경우 그저 즐겁고 잊지 못할 추억으로 기억된다.

마시다 돌려준 코카콜라

'난다'라는 인도네시아 여학생이 한국의 한 학생선교단체에서 열리는 여름 수련회에 참석하기 위해 1994년 여름에 한국을 방문했다. 난다는 수련회에 참여하는 동안 더위를 식히기 위해 자동판매기에서 캔 콜라를 하나 꺼내서 마시고 있었다. 마침 한국 남학생이 옆으로 지나가고 있었다. 혼자 마시기가 쑥스러웠던 난다는 인도네시아 식으로 그 남학생에게 마시겠느냐는 제스처를 취했다. 어디까지나 인사치레로 한 것이었다. 문제는 그 남학생이 얼른 캔을 받아서 한 모금을 벌컥 마시고 난다에게 도로 준 것이다. 난다에게는 그야말로 쇼크였다. 자기가 제스처로 마시겠느냐고 한 캔 콜라를 한국 남학생이 받아 마신 것도 문제였지만 한 모금 마시고서 남은 콜라를 돌려준 것은 더 큰 쇼크였다. 인도네시아에서는 절대로 경험할 수 없는 일이었다.

난다가 경험한 문화적 충격은 엄밀하게 말하면 문화 스트레스라 부르는데 짧은 기간에 이루어졌기 때문에 몸과 정신에 영향을 준다기보다는 재미있는 경험으로 기억될 수도 있다. 아마도 난다는 인도네시아로 돌아가서 친구들에게 이런 이야기를 많이 들려주었을 것이다.

개도 안 주는 탄 밥을

타문화에서 겪는 가장 대표적인 문화 스트레스는 이상한 음식을 먹어야 하는 것이다. 한국 사람들은 다른 나라에서 들쥐 고기나 이상한 곤충을 먹는 것을 보고 놀랄 수 있다. 영국에서 온 사람들은 인도네시아에서 소 내장으로 만든 국을 먹는 것을 이상하게 생각한다. 하지만 우리가 먹는 음식 중에도 다른 나라 사람들이 보기에 이상한 경우가 많이 있다.

인도네시아는 여름만 있는 상하(常夏)의 나라여서 연중 3모작을 한다. 특별히 모를 내는 때도, 거두는 때도 없다. 한쪽에서는 심고, 한쪽에서는 자라고, 또 다른 곳에서는 거둔다. 따라서 쌀이 풍족하기 때문에 탄 밥을 먹는 일은 거의 없다. 인도네시아에서는 집에서 일하는 가사 도우미도 탄 밥은 먹지 않는다.

1996년 선교한국 대회에 참석하기 위해 한국을 방문한 인도네시아 학생은 모두 다섯 명이었다. 나는 한국에 온 김에 대학원 시절의 은사님께 전화를 드렸다. 교수님은 미국에 가 계셨고, 사모님이 반가워하시며 인도네시아 학생들에게 점심을 사고 싶다고 하셨다. 처음에는 인도네시아 학생들만 초대하셨는데, 동행하는 한국 학생 다섯 명이 더 있다는 사실을 알고 통 큰 사모님은 한국 학생들도 모두 데리고 오라고 하셨다.

사모님이 알려 주신 대로 찾아간 식당은 강남에 위치한 고급 한정식 집이었다. 곱게 한복을 차려입은 아가씨들이 우리 앞에 한 가지씩 음식을 배식해 주는데, 그 맛이 일품이었다. 인도네시아 학생들이야 그저 신기한 외국 음식이니 그런가 보다 했겠지만, 정말 신이 난 것은 한국 대학생들이었다. 한국에 산다고 해서 그런 음식을 흔히 먹을 수 있는 것은 아니기 때문이다.

음식이 거의 다 나오고, 그동안 말없이 배식해 주던 아가씨가 입을 열었다.

"마지막 코스는 냉면과 눌은밥입니다."

그러자 그때까지 황송해서 얌전히 음식을 먹던 한국 학생들이 서로 손을 높이 들며 외쳤다.

"저, 눌은밥이요."

"저도요!"

"저도요!"

한국 학생들의 갑작스런 반응에 인도네시아 학생들은 왜 이러나 하고 놀라는 눈치였다. 아마도 대단한 음식을 주문하는 줄 알고 내심 기대를 했던 모양이다. 하지만 정작 음식이 나오자 인도네시아 학생들은 기가 막히다는 표정을 지었다. 탄 밥에 물만 말아서 소금도 치지 않은 음식을 이런 고급 음식점에서 주다니. 그뿐 아니라 그런 음식을 그토록 열정적으로 주문한 한국 학생들을 이해하려고 무던히 노력하는 눈치였다.

이런 것은 짧은 기간의 여행에서 경험하는 것으로 반드시 부정적으로만 느껴지는 것은 아니다. 오히려 여행의 활력이 되기도 하고 본국으로 돌아갔을 때 잊을 수 없는 추억이 되기도 한다. 하지만 장기적으로 타문화에 머무는 사람은 이런 정도의 문화 스트레스를 훨씬 넘어서는 어려움을 경험한다.

문화 충격

익숙하지 않은 타문화에서 장기간 지내야 하는 사람은 자각하지는 못하더라도 몸 안에서 충격을 받는데 이것을 문화 충격(culture shock)이라고 부른다.

아래 그래프에서 보는 것처럼 처음에는 누구나 다른 문화를 접하는 것에 흥분과 기대를 가지고 있다. 하지만 시간이 지나면서 마치 결혼 생활을 시작한 부부가 허니문 이후에 단조로움을 넘어서 갈등의 시기를 겪는 것처럼 선교사들도 타문화에 대한 부정적 생각이 들기 시작한다.

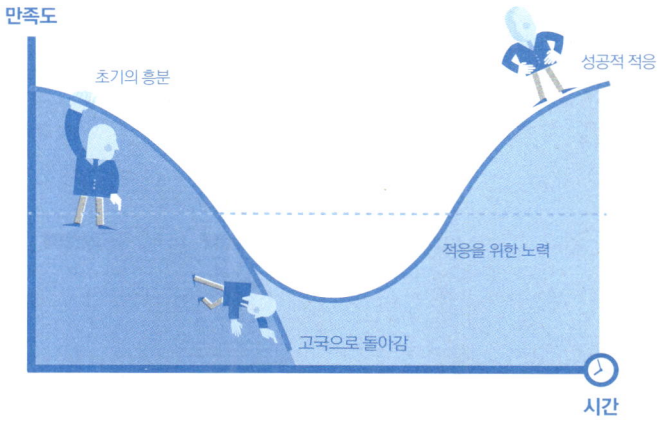

이를 극복하지 못하면 그는 타문화 상황에 계속 존재하기가 어렵다. 하지만 많은 사람이 이 어려움을 잘 극복한다. 마치 허니문 이후 갈등을 겪는 부부들이 서로 상대에게 적응하려고 노력한 결과 성공적인 적응의 단계로 나가는 것처럼 선교사들도 시간이 지나면서 현지 문화의 긍정적인 면을 보려고 노력하여 드디어 성공적으로 적응하기에 이른다. 문화 충격이란 이런 과정 중에서 부정적인 감정을 겪는 기간에 경험하는 증상이다.

문화 충격을 느낄 때 나타나는 증상들

문화 충격은 대부분 자신도 모르게 받는 경우가 많다. 문화 충격을 느끼는 경우, 머리로는 이해되면서도 마음에서 받아들이기 어려운 상황이라 부지중에 우리 몸에서 여러 가지 증상으로 나타나기 시작한다. OMF 총재를 지낸 마이클 그리피스에 따르면 다음과 같은 증상이 있을 때 문화 충격이 아닐까를 의심해 볼 수 있다.

- 향수: 본국에서 있었던 즐거운 추억이나 본국에서 먹었던 음식 이야기를 자주 한다.
- 분리: 선교지 사람들과 어울리려 하지 않고 한국 사람들과의 관계만 유지하려고 한다.
- 피곤감: 일을 많이 하지 않는데도 피곤하게 느껴진다. 현지 사람들과 모임을 할 때도 하품을 많이 한다든지, 집에 돌아와 잠을 많이 자거나 침대에서 나오려고 하지 않는다. 반대로 불면증에 시달릴 때도 있다.

- 과식: 식사를 지나치게 많이 한다. 그래서 몸무게가 늘어난다. 반대로 음식을 잘 먹지 않아 지나치게 마르는 경우도 있다.
- 분노: 불필요하게 화를 많이 낸다. 현지인뿐 아니라 주변 사람들에게 화를 낸다. 예를 들어 남편과 아내가 본국에서는 잘 지냈지만 선교지에서 지나치게 많이 다툰다면 문화 충격의 여파가 아닌지 생각해 보아야 한다. 자녀에게 심하게 대할 수도 있다.
- 회피: 자기가 해야 할 일을 제대로 하지 않는다. 기도 편지도 정기적으로 쓰지 않는다. 집에 와서 게임을 즐긴다든지 혹은 가구 배치 등의 취미 활동으로 너무 많은 시간을 보낸다. 본국에 있는 부모나 친구들에게 편지를 쓰거나 전화 통화를 오래 한다.
- 질병: 특별한 이유 없이 여기저기가 계속 아프다.
- 현지에 대한 적대감: 현지 사람들에 대해서 과도한 적대감을 갖는다. 현지 사람들에 대해서 계속 나쁘게 말한다. 때로는 현지인과 싸우기도 한다. 가장 대표적인 증상은 현지인들을 '이 사람들'이라고 말하는 것이다.

문화 충격 지수

마이클 그리피스는 그의 책 《늑대와 함께 춤추는 어린양》에서 일반적인 삶의 변화에 적응할 때 받는 스트레스를 수치로 나타낸 표를 소개했다. 이 표는 타문화에 갔을 때 우리가 얼마나 많은 충격을 받는지에 대해 매우 유익한 통찰을 준다.

우리 주변에서 발생되는 사건들로부터 받는 충격의 지수를 보자.

배우자의 죽음	100	직책의 변화	29*
이혼	73	자녀의 출가	29
별거	65	시댁이나 처가 식구와의 갈등	29
수감 생활	63	뛰어난 개인적인 성취	28
가까운 가족의 죽음	53	배우자가 일을 시작하거나 그만둘 때	26*
신체의 질병이나 부상	53	학교 입학 또는 졸업	26*
결혼	50	생활 환경의 변화	25*
실직	47*	상사와의 갈등	20
결혼 관계의 재결합	45	근무 시간의 변화	20
은퇴	45	거주지의 변화	20*
가까운 가족의 질병	44	전학	20
임신	40	휴가의 변경	19
성 생활에 대한 불만족	39	교회 활동의 변화	18*
사업에의 재적응	39*	사회 활동의 변화	18*
재정 상태의 변화	38*	대출을 받거나 담보를 잡힐 때	17
가까운 친구의 죽음	37	수면 습관의 변화	16
직종의 변화	36*	가족 수의 빈번한 변화	15
심각한 가정불화	35	휴가	13
과도한 빚이나 담보	31	크리스마스	12
돌려받지 못하게 된 대출	30	사소한 범법 행위	11

이 표에서 타문화권에 도착한 신임 선교사가 경험하는 스트레스 요인

들(*로 표한 것들)의 수치를 합하면 거의 300에 가깝다. 질병, 수술, 사고, 정신 질환 등 건강상의 문제가 생길 확률이 스트레스 수치 150-300에서는 50퍼센트, 300 이상이 되면 80퍼센트로 추정할 수 있다고 한다. 이렇게 볼 때 선교지에 가서 새롭게 적응하는 것이 얼마나 힘든 일인지를 알 수 있을 것이다.

문화 충격의 극복

문화적 차이가 생길 때 우리에게 흔히 나타나는 감정은 무례하다든지 불쾌하다든지 하는 부정적인 감정이다. 이러한 감정은 시간이 지난다고 없어지는 것이 아니라 더 심해질 수도 있다. 이런 부정적인 감정을 극복하려면 타문화를 오히려 적극적으로 수용하려고 하는 자세가 필요하다. 다음의 두 가지를 제안하고 싶다.

첫째는 현지 문화 속에 있는 아름다움을 발견하도록 노력하는 것이다. 모든 문화에는 외부인에게는 이상하게 보이지만 나름의 아름다운 덕목들이 숨겨져 있다. A국 의사가 손님 접대를 위해 환자에게 전화로 수술을 연기하자고 한 것도 손님을 하나님이 보낸 천사로 생각하고 정성껏 대접하는 미덕에서 나온 것이다. 타문화의 구성 요소들을 이해한다면 타문화를 더 잘 수용할 수 있다.

바사바시에 대해서도 인도네시아 사람이 거짓말을 한다고 생각하면 불쾌하게 느껴지지만, 현지인이 자신이 속한 공동체 앞에서 떳떳해지고 싶은 심정을 이해한다면 그 경험도 그리 불쾌한 것만은 아니다.

우리 딸아이가 기숙사에서 자기보다 어린 동생을 위해서 잘못을 자기 탓으로 돌리려고 했을 때도, 나이 많은 사람이 나이 어린 사람을 보호하는 한국의 미덕을 이해했다면 그 기숙사 보모는 우리 딸이 거짓말을 했다는 부정적인 면보다 어린 동생을 보호하려고 했다는 긍정적인 면을 볼 수 있었을 것이다.

어떤 문화적 차이도 긍정적으로 생각하면 수긍할 만한 충분한 이유가 있다. 문화적 차이를 긍정적으로 보려고 노력하는 선교사는 대부분 사역도 잘한다. 그러나 문화 충격을 극복하는 데서 유익을 얻는 것은 선교사만이 아니다. 사업하는 사람들도 이런 자세를 갖는다면 타문화에서 성공할 가능성이 훨씬 높다.

인도네시아에서 필자가 만난 사업가 중 성공하는 사람들은 인도네시아 문화를 매우 긍정적으로 이해하는 사람이었다. 이들은 인도네시아 사람들이 가지고 있는 문화의 틀 안에서 그들을 이해하려고 노력한다.

한번은 한국인 사업가 두 명이 대화하는 것을 듣게 되었다.

A : 인도네시아 사람들은 게으르잖아요. 매일 늦게 오고, 부지런히 하면 마칠 수 있는 일도 내일까지 하려고 하고. 저는 때때로 이 사람들을 참아 주는 데 한계를 느껴요.

B : 글쎄요. 꼭 인도네시아 사람이 게으르다고 볼 수 있을까요. 게으른 사람들이 어떻게 새벽 여섯 시면 일어나서 샤워를 하고 자기 집 앞 도로에 나와 빗자루로 청소를 할 수 있겠어요? 일을 조금 미루는 것도 이해는 되지요: 한국에서처럼 부지런히 일을 마치고 나서 그 다음 날 다른 곳에 가서 일할 기회가 있다면 빨리 마치고 가겠지

요. 하지만 그 다음 날 일할 것이 보장되지 않은 상태에서 먹고는 살아야 한다면 나부터도 천천히 하려고 하지 않겠어요?

B는 A보다 인도네시아에서 훨씬 사업을 잘하는 사람임이 틀림없다.

두 번째는 현지인의 문화를 따라 해 보는 것이다. 예를 들어 식사할 때 그들이 하는 것처럼 손으로 밥을 먹어 보고, 화장실에서 뒤처리를 할 때 물을 떠서 그들처럼 해 보는 것이다. 얼마 전 한 교회에서 문화에 대한 강의를 하면서 인도네시아 사람들이 물로 뒤를 보는 이야기를 들려주고 앞에서 실습을 해 보였다. 처음에는 내 설명을 들은 수강생들이 엄청난 문화 충격을 받는 것 같았다. 하지만 그 중 몇몇 사람은 집에서 내가 말해준 대로 뒷물을 해 보고 나서 며칠 후 내게 와 그 방법이 얼마나 시원한지 말해 주기도 했다. 내게 익숙한 문화와 다른 현지의 문화를 부정적으로만 생각하지 말고 그들이 하는 대로 따라 해 보면 그 나름 즐길 만한 것이 많이 있음을 알게 된다.

중국이나 인도네시아에서는 관계를 매우 중요시 한다. 따라서 미리미리 사람들과 좋은 관계를 폭넓게 맺어 두는 것이 필요하다. 인도네시아에서 사업을 하던 장로님이 어려움을 당한 적이 있다. 악덕 노조원들이 고의로 파업을 일으킨 것이다. 장로님은 그 지역의 경찰서를 찾아가 불법 파업을 진압해 달라고 부탁했다. 그러자 경찰서장은 그렇게 하겠다고 대답하고는 장로님에게 이런 질문을 했다.

"여기서 공장을 하신 지 얼마나 되셨나요?"

"네, 벌써 7년 정도 되었습니다."

그러자 경찰서장은 이렇게 물었다.

"그런데 이제야 저를 찾아오시나요?"

장로님이 만약 공장을 시작할 때부터 경찰서장에게 인사를 갔더라면 더 좋았을 것이다. 예를 들어 그 동네의 가난한 아이들을 위해 장학금을 낼 테니 서장님이 몇 명을 추천해 달라고 했다면 지역 사회 안에서 그 경찰서장의 체면을 세워 주는 일이 되었을 것이다. 그랬다면 이 장로님이 사업에서 어려움을 당할 때 서장은 선뜻 나서서 도움을 주었을 것이다.

내가 어릴 때 우리나라에도 비슷한 풍습이 있었다. 처음 낯선 곳으로 이사를 가면 떡을 해서 이웃에 돌렸다. 친밀한 관계를 맺기 위해 이웃들과 미리 인사를 해 놓는 것이다. 인도네시아에서도 이사를 가거나 가게를 새로 열면 '쏘시알리사시'라고 해서 이웃들과 무엇인가를 나눈다. 선교지에서 외국인인 우리가 그곳 사람들의 풍습을 따라 준다면 현지인들은 매우 좋아할 것이다.

누구나 수영을 배우기 전에는 물이 두렵다. 하지만 물에 익숙해지고 수영을 할 수 있게 되면 물은 두려운 것이 아니라 즐길 수 있는 놀이터가 된다. 타문화도 이와 같다. 밖에서 구경을 하지 말고 그들의 삶 가운데 들어가 그들처럼 함께 지내면 우리가 생각하는 것보다 훨씬 편안함을 느낄 수 있다. 이렇게 하는 것이 문화 충격을 줄이는 좋은 방법이 된다.

역문화 충격

문화 충격은 타문화 선교지에 갔을 때만 느끼는 것이 아니다. 선교지에서 오랜 시간을 보낸 선교사들이 본국에 돌아올 때 다시 문화 충격을 겪는데 이것을 역문화 충격(reverse culture shock)이라고 한다. 처음 선교지에 가서 겪는 문화 충격 못지않게 역문화 충격도 선교사들에게 쉽지 않은 문제다. 선교지에서 지내는 동안 현지의 룰에 익숙해져서 고국의 룰이 낯설게 느껴질 수 있으며, 예전에 알고 있던 고국의 룰도 오래 떠나 있는 동안 많이 달라져서 선교사에게 낯선 룰이 되었을 수 있다.

선교지에서 오랜 시간을 보내고 고국에 돌아온 선교사들은 한국의 대중교통 수단을 이용하는 것에도 익숙하지 않을 수 있다. 지하철을 탈 때 표를 어디서 사야 하는지 몰라 쩔쩔매기도 한다. 어떤 선교사가 안식년으로 한국에 돌아왔는데, 사람들이 지갑을 지하철 개찰기에 대고 들어가는 것을 보고 자신도 지갑을 올려 보았으나 자기는 들어갈 수 없었다는 웃지 못할 일화가 있다.

자두가 백 원에 일곱 개?

오랜만에 돌아온 선교사들은 고국의 물건 값이 어떻게 변했는지도 잘 모른다. 한국에 돌아와서도 현지의 물가만을 생각하고 시장이나 마트에 갔다가 큰일을 당하는 경우도 있다. 특히 농수산물 가격은 너무 큰 차이가 나서 당황하기 일쑤다.

우리가 인도네시아에서 4년을 보내고 처음 우리나라에서 안식년을 보낼 때였다. 숙소 근처의 과일 가게를 지나다가 자두를 보았다. 인도네시아에서 사는 동안 자두를 본 적이 없어 오랜만에 보는 자두가 신기하기만 했다. 그래서 과일 가게 주인에게 자두 값을 물었다.

"와, 자두다! 이 자두는 얼만가요?"

가게 주인은 간단히 대답을 했다.

"일곱 갭니다."

백 원에 일곱 개를 준다면 꽤 괜찮다 싶어 가게 주인에게 물었다.

"백 원에요?"

가게 주인은 기막히다는 듯이 퉁명스럽게 대답했다.

"천 원에요!"

안식년을 보내는 동안 이런 실수는 한동안 계속되었다.

지하철에서

사회 전체의 속도도 문화에 따라 다르다. 인도네시아의 대중교통 수단은 승객 중심이다. 정거장이 아니어도 태워 주고, 손만 들면 언제나 문을 열어 내릴 수 있게 해 준다. 처음 인도네시아에서 언어를 배울 때 뒤에 있는 나를 발견한 버스 운전수가 후진을 해서 나를 태워 준 적도 있을 정도다. 하지만 한국의 대중교통에서 그런 것을 기대했다가는 큰코다친다.

안식년으로 한국에 돌아온 지 며칠 되지 않은 어느 날, 두 아이와 함께 선교사 자녀를 위한 캠프에 가는 길이었다. 종로 3가 역에서 지하철을 갈아타야 했다. 플랫폼에는 사람들이 길게 줄을 서 있었다. 열차가 들어와 나는 딸아이보다 두 살 어린 아들의 손을 잡고 차에 탔는데 바로 내 뒤에서 문이 갑자기 닫혔다. 직감적으로 딸아이가 미처 타지 못했다는 느낌이 들었다. 차 안을 둘러보았지만 딸아이가 보이지 않았다. 정신이 아득했다. 아이를 잃어버리는 것이 이런 거구나 하는 생각에 정말 간이 저 아래로 떨어져 버리는 듯했다.

혹시라도 딸아이가 있을까 싶어 옆 칸까지 가서 미친 사람처럼 딸아이의 이름을 부르며 찾아보았지만 딸아이는 보이지 않았다. 종로 3가 역에서 딸아이가 당연히 나를 따라 탈 것이라고 생각하고 더 어린 아들의 손만 붙잡고 전철을 탄 것이 잘못이었다. 딸아이는 한국의 전철을 처음 타 보는 것이었다. 늘 천천히 하는 인도네시아에서 살다가 와서 한국 전철이 그렇게 순식간에 닫힐 수 있다는 것을 두 아이는 물론 나조차도 생각을 못했던 것이다.

서울 집의 전화번호도 모르고 우리가 사는 동네가 어딘지도 모르는 딸아이가 아무 전철이나 탈까 봐 걱정이 되었다. 다음 역에서 바로 내려 밖으로 나가서 즉시 택시를 탔다. 다행히 종로 3가 역에서 떠나지 않고 울고 있는 딸아이를 만날 수 있었다.

자녀를 위한 역문화 충격 오리엔테이션

본국에 돌아온 선교사는 반드시 역문화 충격에 관한 오리엔테이션 기간을 가져야 한다. 어른이 되어 선교지에 나간 선교사들이 역문화 충격으로 어려움을 겪는다면 선교사의 자녀들은 더 말할 것도 없다. 따라서 방학을 맞아 자녀들만 한국에 보내는 것은 상당히 위험한 결정이다. 그뿐 아니라 자녀들이 역문화 충격을 겪을 때 부모가 옆에서 도와주지 않는다면 자녀들은 모국에 대해서 매우 나쁜 인상을 가지고 자랄 수도 있다.

안식년으로 한국에서 지내는 동안, 초등학교 5학년 교실에 가서 공부를 하던 딸아이가 하루는 학교에서 돌아와 이렇게 말했다.

"아이들이 무례하게 자기 젓가락으로 내 반찬을 가지고 갔어요."

한국 문화에서 자란 나는 딸아이가 학교에서 당한 일이 어떤 상황에서 벌어진 것인지 알 것 같았다. 한국은 공동체 문화가 강해서 식사 때에도 서로 반찬을 나누어 먹는 것이 자연스럽지만, 서양 선교사 자녀 학교에서 교육을 받은 딸아이가 보기에는 다른 아이가 말도 없이 자기 반찬을 가져다 먹는 것을 이해하기 어려웠을 것이다. 나는 딸아이에게 '네 반찬을 가지고 가는 아이들은 너와 친해지고 싶어서 그러는 것이니 너도 그 친구의 도시락에 있는 반찬을 하나 갖다 먹으라'고 일러 주었다.

어릴 때 한국을 떠났거나 아예 선교지에서 태어나 자란 선교사 자녀들에게는 안식년 기간을 위한 역문화 오리엔테이션이 필수적이다.

II부. 타문화에서의 메시지

관광을 위해서 타문화에 간다면 특정 행동 양식이나 가치 정도만 이해해도 무난할 것이다. 하지만 선교를 위해서 타문화에 간다면 행동 양식이나 가치 수준을 넘어서는 더 깊은 차원의 문화 이해를 가져야 한다. 왜냐하면 우리가 타문화에 가는 이유가 영광스러운 그리스도의 복음을 그들에게 전하는 것을 목표로 하기 때문이다. 이방인에게 복음을 증거하기 위해 부르심을 받은 사도 바울은 로마서 1장 16절에서 이렇게 말했다.

내가 복음을 부끄러워하지 아니하노니 이 복음은 모든 믿는 자에게 구원을 주시는 하나님의 능력이 됨이라 먼저는 유대인에게요 그리고 헬라인에게로다

복음은 유대인에게도 헬라인에게도, 모든 믿는 자에게 구원을 주시는 하나님의 능력이다. 그런데 여기서 사도 바울이 복음 증거의 대상을 "모든 사람에게"라고 통칭하지 않고 굳이 유대인과 헬라인으로 명시한 것은

놀라운 의미가 있다. 그는 유대인으로서 이방 세계에 복음을 전하는 것이 문화를 넘어서는 새로운 사역이라는 것을 누구보다 잘 알고 있었다. 그는 헬라인들에게 유대인 문화의 옷을 입은 복음이 아니라 헬라인에게 어울리는 옷을 입은 복음을 전하려고 애를 썼다.

2부에서는 1부에서 이해한 문화적 차이가 복음 증거에서 어떻게 적용되는가를 중점적으로 다룬다. 타문화에서 복음을 증거하는 것은 일반적인 커뮤니케이션 과정과 매우 유사하다. 효과적인 커뮤니케이션을 하려면 전달자가 수신자의 문화 코드를 배워서 수신자에게 익숙한 언어로 메시지를 전달해야 한다. 이것을 선교적으로 말하면 '상황화'라고 한다. 만약 복음이 상황화되지 않은 채로 전달된다면 우리가 전하는 그 영광스러운 복음이 낯선 메시지로 전달되거나 알맹이는 빠진 채 표면적으로만 전해져 복음의 확산에 방해가 될 수 있다.

선교사의 역할은 외부에서 들어가 현지의 문화를 배우는 것으로만 끝나지 않는다. 문화는 그 속에서 사는 사람들에게 너무나 자연스러워서 사람들은 자신의 문화에 어떤 것들이 있는지 의식하지 못하는 경우가 많다. 그리고 문화는 언제나 가치 중립적인 것도 아니다. 외부인으로서 현지의 문화를 배운 선교사는 성경이 말하는 초문화적인 진리에 비추어 현지 문화를 바라보아야 하며, 그 중에서 변화가 필요한 부분이 있다면 변화를 가져오도록 노력해야 한다.

결국 복음은 현지 문화의 옷으로 갈아입고 전달되어야 효과적이며, 상황화된 복음이 전달되는 곳마다 문화의 가치와 믿음과 세계관에 새로운 변화가 일어나게 된다.

5 장

초대 교회와 선교

우리가 전하는 복음을 어떻게 문화에 맞게 상황화할 것인가를 알아보기 전에 초대 교회 성도들은 타문화 선교를 어떻게 했을까 하는 질문을 던져 보고 싶다. 강의 중에 이 질문을 하면 많은 수강생이 '초대 교회 성도들은 선교를 잘 못했을 것'이라고 대답한다. 어떤 수강생은 '예루살렘 교회가 선교를 하지 않았기 때문에 하나님이 핍박을 허락하셔서 초대 교회 성도들이 흩어지게 되었다'고 대답하기도 한다.

과연 초대 교회는 모든 민족에게 가서 복음을 전하라고 하신 주님의 말씀에 불순종하고 있었을까? 그래서 하나님께서 핍박을 허락하셨고, 그들은 핍박 때문에 어쩔 수 없이 선교를 하게 된 것일까?

사도행전에 나타난 다섯 그룹

초대 교회 성도들이 즉시 흩어져 가지 않은 것은 불순종 때문이 아니다. 사도행전 1장 4절에 보면 주님은 제자들에게 "내게서 들은 바 아버지께서 약속하신 것을 기다리라"고 하셨다. 예루살렘은 유대인들이 자신들이 주(主)라고 부르던 예수님을 십자가에 못 박아 죽인 곳이다. 제자들의 입장에서 보면 그 위험한 지역에 남아 있는 것보다 다른 지역으로 도망가는 것이 훨씬 안전했을 것이다. 하지만 그들은 움직이지 않고 기다려 주님이 약속하신 성령을 받았고, 예루살렘에서 공적으로 예수님이 메시아임을 증거하기 시작했다.

또 하나 생각해 볼 것은, 초대 교회 성도들이 타문화 사역을 하기에 적절한 사람들을 준비하기 위해 시간이 필요했을 것이라는 점이다. 갈릴리의 작은 시골에서 예수님과 만난 열두 명의 제자들은 타문화 경험이 매우 일천했던 것으로 보인다. 따라서 타문화 사역을 위해서는 새로운 인물이 등장할 필요가 있었다. 초대 교회가 행한 타문화 사역의 중심에는 유대인 디아스포라가 있었다.

우선 사도행전에 나타나는, 문화적 차이를 보이는 다섯 집단을 하나하나 살펴보자.

① 유대인

초대 교회 당시 유대인들은 유대 지역과 갈릴리에 살고 있었다. 로마 제국의 지배하에 있었지만 유대의 문화를 보존하기 위해서 이방의 영향

| 유대인 | 유대인 디아스포라 | 유대교 개종자 | 하나님을 경외하는 자 | 헬라인 |

력을 배제하려고 안간힘을 썼다. 당시 대부분의 유대인은 할례를 받고 율법을 준수하며 안식일을 지켰다. 특히 율법이 정한 정결한 음식을 먹는 것은 이들에게 매우 중요했다.

② 유대인 디아스포라

유대인 디아스포라(Diaspora)는 로마 제국 전역에 흩어져 살던 유대인들로 말하자면 유대인 해외 동포라고 할 수 있다. 이들은 유대 지역이 아닌 다른 지역, 예를 들어 로마, 페르시아, 아라비아, 아시아, 헬라 등지에 퍼져 살았다. 이들은 자신의 영달과 안위를 위해서 자발적으로 다른 지역에 나갔다기보다는 강제적으로 이주한 경우가 많다. 주전 580년경 바벨론의 느부갓네살 왕 이래로 이스라엘 주변의 강대국들은 수시로 이스라엘을 유린하고 유대인 인재를 자국으로 데려가거나 주민들을 강제 이주시켰다. 일부 유대인은 끌려간 곳에서 정착하여 그곳 사람으로 동화되기도 했지만 대부분은 이방인들과 동화되기를 거부했다. 흩어진 유대인들은 그들이 있는 곳에서 하나님의 율법인 토라를 읽고 시나고그(synagogue)라는 유대인 회당을 만들어 그곳을 중심으로 공동체를 이루어 살았다.

초대 교회 당시 유대인 디아스포라의 수를 5백만 명 정도로 추산한다. 당시 예루살렘을 중심으로 유대 지역에 살던 유대인의 수가 백만 명 정도였음을 생각하면 디아스포라의 규모가 어느 정도인지 상상할 수 있을 것이다. 유대인의 정체성을 유지하고 있었던 이들 디아스포라는 동시에 자신이 살고 있는 지역의 언어를 자유롭게 구사하고 그곳 문화에 매우 익숙했다. 따라서 복음을 이방에 증거하는 데 매우 중요한 역할을 할 수 있었다.

③ 유대교 개종자

유대교 개종자(proselyte)란 인종적으로는 비유대인, 즉 이방인이지만 유대교로 개종한 사람을 말한다. 유대교 개종자는 유대인처럼 할례를 받아야 했고 율법을 준수해야 했다. 또, 다른 유대인 디아스포라들과 마찬가지로 일 년에 적어도 세 번 예루살렘에 있는 성전에 가서 하나님을 예배해야 했다. 성경에 나오는 개종자로는 사도행전 8장에 나오는 에티오피아 내시를 들 수 있다.

④ 하나님을 경외하는 자

성경에 하나님을 경외하는 자(God-fearer)라고 표현되어 있는 사람들은 모두 이방인이다. 이들은 유대교 개종자와는 달리, 할례를 받거나 율법을 준수할 의무를 가지지 않았다. 하지만 자신의 동네에 사는 유대인의 모습에서 진실한 신앙인의 모습을 발견하고 그들이 믿는 여호와 하나님에 대해서 경외하는 마음을 갖게 된 사람들이다. 이들은 때때로 유대인의 회당에 와서 기도하고 하나님의 말씀을 듣기도 하지만 회당 안의 예배 처소까지 들어가지는 못했다. 이들은 유대인을 따라 금식도 하고 구제도 했으며, 심지어 회당을 짓는 데 큰돈을 기부하기도 하였다. 이런 사람은 주변의 유대인에게 상당한 사랑과 존경을 받았다. 예수님께 나아온 백부장이 이런 사람이며 베드로가 만난 가이사랴의 로마 백부장 고넬료가 이런 사람에 해당된다.

사도행전에 나오는 "흩어진 사람들"이나 사도 바울이 유대를 넘어서 이방 지역으로 가서 복음을 전할 때 가장 먼저 반응을 보인 사람들이 바로 하나님을 경외하는 이방인이었다. 이들은 비록 할례를 받지 않고 율법을 지키지 않았지만 주변에 있는 유대인들을 통해서 하나님이 어떤 분이며 유대의 문화가 무엇인지를 조금은 이해할 수 있는 사람들이었다.

⑤ 헬라인

신약 성경에서 헬라인(Greek)이라고 말할 때는 인종적으로 그리스인이라기보다는 헬라어를 말하는 이방인을 통칭한다고 봐야 한다. 헬라인은 대부분 유대인에 대해서 알고 있었다. 왜냐하면 유대인은 로마 제국 전역에 퍼져 있었고 그들의 생활이 매우 특이했기 때문이다. 하지만 보통의 헬라인들은 유대인이 지나치게 종교적이고 미신적이라고 생각했고 그들이 믿는 신앙에 별로 반응을 보이지 않았다.

+ 사마리아인

앞에서 이야기한 다섯 그룹에 속하지는 않지만 사도행전에 나타나는 문화 그룹을 제대로 이해하기 위해서는 사마리아 사람들(Samaritan)을 이해할 필요가 있다. 사마리아인은 원래 유대인과 뿌리를 같이 한다. 사마리아는 북이스라엘의 수도였다. 솔로몬 왕이 죽고 그 아들 르호보암이 왕이 되자 이에 불만을 품은 나머지 지파들이 여로보암이라는 왕을 세워서 분리 독립한 북이스라엘은 하나님께 계속 불순종하다가 결국 주전 720년경에 앗시리아에 정복되어 멸망했다. 앗시리아는 북이스라엘에 다른 민족들을 이주시켜 이스라엘 주민들과 혼혈시키는 정책을 폈다. 이것은 순혈주의를 부르짖는 유다 사람들에게 혐오감을 일으켰고, 그 결과 유대인들은 사마리아 사람들을 부정하게 생각하게 되었다.

그래서 유대인들은 사마리아 사람이 예루살렘에 있는 성전에서 예배하는 것을 허락하지 않았다. 그러자 사마리아 사람들은 그리심 산에 성전을 따로 짓고 그곳에서 하나님을 경배했다. 유대인들은 그리심 산에 사마리아 사람들이 세워 놓은 성전을 파괴하기도 하고 역으로 사마리아 사람들은 유다 사람들이 바벨론 포로 생활에서 돌아와 예루살렘 재건을 위해 성벽을 쌓으려고 할 때 방해를 하기도 했다. 이렇게 누적된 감정으로 예수님 당시 유대인들은 사마리아 사람과 상종조차 하지 않았다.

풀뿌리 선교의 모습

이렇게 문화적 차이를 나타내는 여섯 집단을 염두에 두고 사도행전을 자세히 살펴보면 초대 교회 때부터 그리스도인들이 타문화 선교의 벽을 넘기 위해 이미 많은 노력을 기울여 왔음을 알게 된다.

사도행전 8장에서 스데반의 순교로 핍박이 시작되었을 때, 핍박을 피해 사마리아로 간 사람들과 안디옥으로 간 사람들을 선교라는 차원에서 살펴보면 흥미로운 차이가 있다. 사도행전 8장 초반부에는 흩어진 사람들의 이야기가 다음과 같이 기록되어 있다.

> 사울은 그가 죽임당함을 마땅히 여기더라 그날에 예루살렘에 있는 교회에 큰 박해가 있어 사도 외에는 다 유대와 사마리아 모든 땅으로 흩어지니라(행 8:1)

앞에서, 초대 교회가 타문화 사역을 잘했겠느냐고 질문했는데 필자의 대답은 '잘했다'이다. 위의 성경 구절은 갈릴리 출신의 베드로나 요한 같은 제자들은 예루살렘에 남고 나머지 사람들은 디아스포라를 중심으로 흩어져 나가 타문화 사역을 했음을 말해 주고 있다.

> 그 흩어진 사람들이 두루 다니며 복음의 말씀을 전할새 빌립이 사마리아 성에 내려가 그리스도를 백성에게 전파하니(행 8:4-5)

흩어진 사람들이 사마리아에서 복음을 전한 후로 얼마나 시간이 지났는지 모르지만 사도행전 8장 이후 11장에서 이 흩어진 사람들이 다시 등장한다.

> 그때에 스데반의 일로 일어난 환난으로 말미암아 흩어진 자들이 베니게와 구

브로와 안디옥까지 이르러 유대인에게만 말씀을 전하는데 그중에 구브로와 구레네 몇 사람이 안디옥에 이르러 헬라인에게도 말하여 주 예수를 전파하니(행 11:19-20)

8장과 11장에 등장하는 이 흩어진 사람들은 모두 예루살렘에서 있었던 스데반의 죽음을 계기로 각지로 흩어졌다. 이들이 동일한 사람들인지는 알 수 없지만 동일한 그룹에서 나왔다는 사실만은 부인할 수 없다. 그렇기 때문에 이들이 다른 대상에게 복음을 전한 것은 매우 흥미롭다.

8장 5절에 흩어진 사람들 중 한 사람의 이야기가 나온다. 바로 예루살렘 교회의 일곱 집사 가운데 한 사람인 빌립이다. 빌립은 사마리아로 가서 복음을 전했다. 사도행전 8장 5절과 12절은 그가 "그리스도"를 전했다고 기록되어 있다. 이미 메시아에 대한 개념이 있었던 사마리아 사람들에게 예수를 "그리스도"라고 전한 것은 문화적으로 매우 적절한 방법이었다.

조금 곁가지로 가는 것 같지만, 사마리아 사람들의 세계관을 이해하기 위해 요한복음 4장을 잠시 살펴보자. 예수님이 '수가'라는 사마리아 마을을 지나가시다가 우물가에서 한 여인과 대화를 나눈다. 여인은 예수님을 그저 평범한 유대 남자로 알고 대화를 나누다가 그분이 선지자라는 사실을 깨닫는다. 그리고 평소에 품고 있었던 신앙의 질문을 쏟아낸다. 이 여인의 입에서 나온 맨 마지막 말을 보자.

여자가 이르되 메시아 곧 그리스도라 하는 이가 오실 줄을 내가 아노니 그가 오시면 모든 것을 우리에게 알려 주시리이다(요 4:25)

이 말이 과거에 다섯 남편이 있었고 예수님과 대화를 나누던 당시에도 남편이 아닌 남자와 살고 있던 여자의 입에서 나온 고백이라는 점에 주목할 필요가 있다. 그 여인은 당시 사마리아의 기준으로 본다면 주류 사회에 어울리기 어려운 형편의 소외 계층이었다. 그렇다면 이 여인보다 더 종교적이었을 사마리아의 보통 사람들이 메시아에 대해 알고 있다고 생각하는 것은 지나친 추측이 아닐 것이다.

반면 사도행전 11장 20절에서 안디옥으로 간 '흩어진 사람들'은 그곳에 있는 헬라인들에게 "주 예수"를 전파했다. 여기서 "주"(kurios)란, 당시 헬라인들이 헬라의 신들에게 붙인 경칭이었다. 유대 배경을 지닌 흩어진 사람들이 안디옥의 헬라인들에게 예수 그리스도를 증거하면서 헬라 문화에서 신들에게 붙이던 경칭을 사용했다는 것은 참으로 대단한 발상이다.

이것을 에딘버러 대학교에서 선교학을 가르치는 앤드루 월스 교수는 '상징 빼앗기'(symbol theft)라는 용어로 설명한다. 상징 빼앗기란 이교도가 사용하던 종교적 용어를 폐기하는 것이 아니라 오히려 그것을 가져다가 그리스도의 복음을 증거하는 데에 사용하는 것을 말한다.

하나님은 복음을 전하기 위해 타문화를 이해하지 못하는 유대인들을 마구 내몰지 않으셨다. 오히려 시간을 두고 초대 교회 내에 타문화 사역을 담당할 사람들을 준비시키셨다.

8장에서 사마리아 사람들에게 전할 때의 모습과 11장의 안디옥에 있는 헬라인들에게 복음을 전할 때를 비교하면 다음에 나오는 표와 같다.

	사도행전 8장	사도행전 11장
선교 주체	흩어진 사람들	흩어진 사람들
지역	사마리아	안디옥
선교 대상	사마리아 성의 백성	헬라인
예수님의 호칭	그리스도	주 예수
확인을 위해 보낸 사람	베드로와 요한	바나바

안디옥 교회

흩어진 사람들이 사마리아와 안디옥에 복음을 전한 결과 두 지역에 모두 교회가 세워졌다. 예루살렘 교회가 두 교회를 확인하기 위해 보낸 사람들을 보면, 초대 교회가 얼마나 타문화 사역에 예민했는지 알 수 있다.

사마리아에 세워진 교회를 확인하기 위해 예루살렘 교회는 베드로와 요한을 보냈다(행 8:14). 반면 안디옥 교회에 헬라인들이 들어왔다는 사실을 확인하기 위해서는 바나바를 보냈다(행 11:22). 바나바는 헬라 문명의 본고장인 구브로, 즉 오늘날의 키프로스(사이프러스) 섬에서 태어난 디아스포라 유대인이다(행 4:36-37). 따라서 그는 오리지널 유대인에 비해서 이방인에 대한 이해가 높았을 것이다.

과연 안디옥에 도착한 바나바는 이방인과 유대인이 함께 있는 교회의 모습을 이렇게 표현했다.

예루살렘 교회가 이 사람들의 소문을 듣고 바나바를 안디옥까지 보내니 그가 이르러 하나님의 은혜를 보고 기뻐하여 모든 사람에게 굳건한 마음으로 주와 함께 머물러 있으라 권하니(행 11:22-23)

예루살렘에서 온 바나바가 안디옥에 도착해서 보았다는 "하나님의 은혜"가 무엇이었을지 한동안 고민한 적이 있다. 여기서 "은혜"라는 말은 '카리스'(charis)라는 헬라어를 번역한 것인데, 영어로는 'grace'에 해당한다. 카리스는 일반적으로 고맙게 베풀어 주는 신세나 혜택을 의미하는 말로, 주로 능력이 있는 사람이 아무런 보상을 바라지 않고 능력이 없거나 부족한 사람에게 베푸는 시혜를 말할 때 사용한다.

카리스라는 단어가 그 다음으로 많이 쓰이는 경우는 이성에게 끌리는 것과 같은 매력을 뜻할 때다. 요즘 말로 "뿅 갔다"라는 표현이 적절할 것이다. 따라서 사도행전 11장 23절을 다시 표현한다면 바나바가 안디옥에 이르러, 할례도 받지 않고 율법도 모르며 안식일도 지키지 않는 이방인들이 교회에 들어온 것을 보고 '뿅 갔다'고 할 수 있다. 역사를 가정하는 것은 어리석은 일이라고들 하지만, 만약 8장에서 사마리아 교회를 파악하기 위해서 간 베드로와 요한이 안디옥에 갔다면 어떻게 느꼈을까? 아마도 갈 길이 멀다고 생각했을지도 모른다. 예루살렘 교회의 파송을 받은 바나바는 안디옥 교회 성도들을 돕기 위해 안디옥에 남기로 했다. 그리고 그의 사역으로 더 많은 사람이 주님께 돌아왔다.

교회가 양적으로 성장하면 사역자를 구하는 것이 자연스러운 수순이다. 바나바는 예루살렘 교회에 사역자를 보내 달라고 요청하는 대신 자신과 비슷한 처지의 유대인 디아스포라면서 하나님 말씀에 정통한 한 사역자를 떠올렸다. 그가 바로, 예수 믿는 사람들을 핍박하다가 다메섹에서 그리스도를 만나 자기 고향 다소에 머물고 있던 사울이다.

사울은 다소에서 태어난 유대인 디아스포라로서 안디옥 교회에 있는 이방인들을 섬기기에 가장 적절한 사람이었다. 그는 바위 속에 감춰진 금광과도 같은 선교사였다. 예루살렘 교회는 그의 진가를 알아보지 못했다. 하지만 바나바는 달랐다. 사도행전 9장에서 사도들에게 외면당한 사울을 찾아가 그를 데리고 사도들 앞에 간 것은 바로 바나바였다. 그래서 사울은 사도들과 새로운 교제를 할 수 있었다.

그러자 이제는 과격 유대인들이 사울을 죽이겠다고 덤볐다. 사울은 가장 안전한 장소인 자기 고향 다소로 가서 머물렀다. 안디옥에서 사역하던 바나바는 사울을 찾으러 200킬로미터 정도 떨어진 다소로 갔다. 그리고 안디옥에서 탁월한 두 명의 사도는 선교 단체(missionary band)를 만들었다. 말하자면 예루살렘에서 파송된 바나바라는 선교사가 현장에서 선교사 한 명을 영입해서 놀라운 선교 단체가 탄생한 셈이다. 이 둘은 안디옥 교회를 근거지로 삼아 더 먼 지역까지 가서 이방인에게 복음을 전하는 사역을 감당했다.

이 모든 과정을 보면 흩어진 사람들, 바나바를 파송한 예루살렘 교회, 바나바와 한 팀을 이루어 타문화 사역을 시작한 사울 등 각각이 모두 하나씩 퍼즐 조각을 맞추어 가면서 아름다운 타문화 사역의 밑그림을 그려 가고 있음을 알 수 있다.

다른 옷을 입은 복음

초대 교회가 타문화 사역을 잘했다는 증거로 한 가지 더 짚고 넘어갈 것이 있다. 복음을 상황화하여 전달하는 것은 지금의 선교지에서만 일어나는 일이 아니다. 2,000년 전 초대 교회 성도들이 복음을 전하기 위해서 이방 지역에 갔을 때도 같은 문제에 부딪혔다.

앞에서 살펴보았듯이 스데반의 죽음으로 시작된 핍박을 피하기 위해서 많은 유대인 그리스도인이 예루살렘을 떠나 다른 유대 지역과 사마리아와 땅끝으로 흩어져 갔다(행 8:4). 이들이 믿던 복음은 유대인의 문화로 포장되어 있었는데, 이들이 유대가 아닌 다른 지역에서 이방인에게 복음을 전하기 시작했을 때 유대의 문화를 어떻게 할 것인지 고민해야 했다. 결과적으로 이들 '흩어진 사람들'은 자신이 정착한 지역 사람들의 문화에 매우 적절하게 복음을 전했다.

얼마 후 안디옥이라는 도시에 헬라인들이 모이는 교회가 세워졌다. 이방인 신자들은 유대인들이 금과옥조로 지키던 할례를 행하지도 않고 모세의 율법을 지키지도 않았다. 그들은 이방인으로서 그리스도인이 된 것이지 유대인이 된 후에 다시 그리스도인이 되는 과정을 거친 것이 아니었기 때문이다. 유대 그리스도인에게는 이방인으로서 그리스도를 믿는 신자들의 모습이 매우 이질적으로 보였을 것이다. 하지만 로마 제국 전역에 흩어진 디아스포라 유대인들은 당시의 통념을 깨고 과감한 타문화 사역을 감행했다.

흩어진 사람들의 선교 정신은 바나바와 사울의 선교 사역에서도 그대로 이어졌다. 사도 바울이 빌립보의 감옥에서 만난 간수에게는 '주 예수'를 전한 반면, 다음 행선지인 데살로니가의 회당에서는 유대인들을 대상으로 '그리스도'를 증거하는 모습을 볼 수 있다.

그들을 데리고 나가 이르되 선생들이여 내가 어떻게 하여야 구원을 받으리이까 하거늘 이르되 주 예수를 믿으라 그리하면 너와 네 집이 구원을 받으리라 하고(행 16:30-31)

그들이 암비볼리와 아볼로니아로 다녀가 데살로니가에 이르니 거기 유대인의 회당이 있는지라 바울이 자기의 관례대로 그들에게로 들어가서 세 안식일에 성경을 가지고 강론하며 뜻을 풀어 그리스도가 해를 받고 죽은 자 가운데서 다시 살아나야 할 것을 증언하고 이르되 내가 너희에게 전하는 이 예수가 곧 그리스도라 하니(행 17:1-3)

바나바와 바울도 헬라인들이 유대의 문화를 거치지 않고 하나님 나라에 들어올 수 있다고 선포한 것이다. 사도들의 목표는 예수를 믿은 이방인이 유대인이 되는 것이 아니라 이방인인 채로 복음을 받아들이는 것이었다.

그리스도인이 되는 데 유대적 배경은 필수적인 것이 아니었다. 유대인도 헬라인도 복음을 받아들임으로써 하나님 나라에 들어가는 것이기 때문이다. 이것을 다이어그램을 통해 다시 한 번 살펴보자.

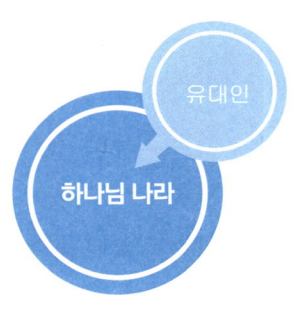 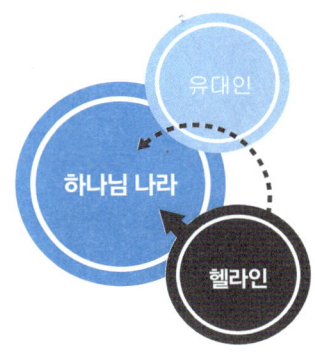

왼쪽 그림은 유대인 배경을 가진 사람들 가운데 하나님 나라에 들어오는 사람들을 나타낸다. 흩어진 사람들이 복음을 전할 때 유대인이라고 해서 자동적으로 하나님 나라에 들어가는 것은 아니었다. 예수님도 니고데모에게 이렇게 말씀하셨다. "사람이 거듭나지 아니하면 …… 하나님의 나라에 들어갈 수 없느니라"(요 3:3, 5).

문제는 오른쪽 다이어그램이다. 이방인인 헬라인 가운데서도 하나님 나라에 들어가는 사람이 있고 하나님 나라에 들어가지 못하는 사람이 있을 것이다. 점선처럼 유대인이 되는 과정을 거쳐서, 즉 유대교 개종자로서 복음을 받아들여 하나님 나라에 들어갈 수도 있지만 이방인인 상태에서도 얼마든지 하나님 나라 시민이 될 수 있다는 것이 이방인들에게 복음을 전한 바울과 바나바를 비롯한 사도들의 생각이었다.

이런 새로운 관점에 대해서 유대주의자들의 탄발도 만만치 않았다. 이들은 누구라도 예수님을 바르게 믿기 위해서는 먼저 유대인이 되어야만 한다고 생각했던 것이다.

충돌

바나바와 사도 바울이 안디옥에서 사역하고 있을 때, 유대 지역에서 온 어떤 사람들이 안디옥 교회의 형제들에게 모세의 법대로 할례를 받지 않으면 구원을 받지 못한다고 가르쳤다. 사도 바울과 바나바는 그 문제를 놓고 이 유대주의자들과 꽤나 다투었다. 결국 안디옥 교회의 형제들은 바울과 바나바와 교회의 몇 사람을 예루살렘에 보내서 이 문제에 대하여 다른 사도와 장로들의 의견을 듣기로 결정했다.

안디옥을 출발한 바나바와 바울 일행이 무사히 예루살렘에 도착하자 예루살렘 교회의 성도들과 지도자들은 그들에게서 이방인들 가운데 하나님이 역사하신 이야기를 듣고 무척 고무되었다. 하지만 바리새파 사람들은 조금도 양보하지 않았다. 이들은 예수를 믿는 이방인에게 할례를 행하고 모세의 율법을 지키라고 명령해야 한다고 주장했다.

드디어 사도와 장로들이 모두 모여서 이 문제에 대해서 심각한 논의를 시작했다. 며칠 동안 회의가 진행되었는지는 모르지만 꽤 긴 시간이 흘렀을 것이다. 사도행전은 이 부분을 이렇게 기록하고 있다.

많은 변론이 있은 후에 베드로가 일어나 말하되 형제들아 너희도 알거니와 하나님이 이방인들로 내 입에서 복음의 말씀을 들어 믿게 하시려고 오래 전부터 너희 가운데서 나를 택하시고 또 마음을 아시는 하나님이 우리에게와 같이 그들에게도 성령을 주어 증언하시고 믿음으로 그들의 마음을 깨끗이 하사 그들이나 우리나 차별하지 아니하셨느니라 (행 15:7-9)

아마도 베드로는 가이사랴에 사는 고넬료의 집에 갔을 때 경험한 이야기를 하는 것 같다. 베드로는 유대인들이 수천 년 동안 지키지 못했던 율법의 짐을 왜 이방인에게 지우려 하느냐고 질문하면서 우리가 모두 예수의 은혜로 구원받는다는 것을 분명히 말하고 있다.

그런데 지금 너희가 어찌하여 하나님을 시험하여 우리 조상과 우리도 능히 메지 못하던 멍에를 제자들의 목에 두려느냐 그러나 우리는 그들이 우리와 동일하게 주 예수의 은혜로 구원받는 줄을 믿노라 하니라(행 15:10-11)

베드로의 발언에는 '은혜로 구원받는다'는 분명한 신학이 보인다. 율법에 그토록 중요한 의미를 부여했던 유대인들에게 자신들이 오랫동안 의지해 온 율법의 준수를 상대화하는 것이 쉬운 일은 아니었을 것이다. 베드로가 하는 말을 온 무리가 가만히 들었다.

이제 선교지에서 사역하는 바나바와 바울에게 말할 차례가 왔다. 회중은 하나님께서 이방인 중에서 행하신 표적과 기사에 관하여 바나바와 바울이 말하는 내용에 귀를 기울였다. 흥미로운 사실은 선교 현지에서 일어나는 일을 선교사인 바울과 바나바에게 이야기하게 하고 본국 리더들이 듣고 있다는 점이다.

베드로의 말도 들었고 바나바와 바울의 보고도 끝났다. 그러자 예루살렘 교회에서 가장 존경받는 예수님의 친동생 야고보가 결론을 내렸다. 유대인들이 그동안 지켜 온 어려운 종교적 관습을 이방인들에게는 요구하지 말자는 것이었다.

그러므로 내 의견에는 이방인 중에서 하나님께로 돌아오는 자들을 괴롭게 하지 말고 다만 우상의 더러운 것과 음행과 목매어 죽인 것과 피를 멀리하라고 편지하는 것이 옳으니 이는 예로부터 각 성에서 모세를 전하는 자가 있어 안식일마다 회당에서 그 글을 읽음이라 하더라 (행 15:19-21)

야고보는 이방인 신자들의 완전한 자유를 선포한다. 하지만 같은 지역에서 함께 그리스도를 믿는 유대 배경의 그리스도인들을 존중하여 율법의 일부만을 지켜 달라고 부탁했다. 이제 예루살렘 교회는 몇 사람을 택해서 바울과 바나바와 함께 안디옥으로 보내 공식적인 입장을 전달하기로 결정한다. 선택된 사람은 인도자인 유다와 실라로, 실라는 후에 사도 바울의 선교 사역에 동참하게 된다. 공식적인 회의의 결론은 편지로 써서 이방인 형제들에게 전달하고, 관련된 많은 사람에게도 커뮤니케이션을 했다.

그 편에 편지를 부쳐 이르되 사도와 장로 된 형제들은 안디옥과 수리아와 길리기아에 있는 이방인 형제들에게 문안하노라 들은즉 우리 가운데서 어떤 사람들이 우리의 지시도 없이 나가서 말로 너희를 괴롭게 하고 마음을 혼란하게 한다 하기로 사람을 택하여 우리 주 예수 그리스도의 이름을 위하여 생명을 아끼지 아니하는 자인 우리가 사랑하는 바나바와 바울과 함께 너희에게 보내기를 만장일치로 결정하였노라 그리하여 유다와 실라를 보내니 그들도 이 일을 말로 전하리라 성령과 우리는 이 요긴한 것들 외에는 아무 짐도 너희에게 지우지 아니하는 것이 옳은 줄 알았노니 (행 15:23-28)

위 본문에서 우리가 주목해야 할 점이 있다. 사도행전 15장 28절에 예루살렘 회의의 결정이 '우리는'으로만 기록되지 않고 '성령과 우리는'이라고 기록되어 있다. 참으로 대단하지 않은가! 이것이 파워풀한 결정이다. 그 결정의 내용도 성경에 기록되어 있는 대로 살펴보면 좋겠다.

> 우상의 제물과 피와 목매어 죽인 것과 음행을 멀리할지니라 이에 스스로 삼가면 잘되리라 평안함을 원하노라 하였더라(행 15:29)

예루살렘 교회의 회의가 이후 선교에 미친 영향은 대단했다. 유대인의 옷을 입고 있던 복음이 이제 이방인의 옷을 입고 자유롭게 이방 세계로 뻗어 나가게 된 것이다. 다른 말로 하자면 이제 이방인들은 유대인이 지켜 왔던 율법이라는 제약을 통과할 필요 없이 활짝 열린 문으로 과감하게 하나님의 나라로 들어올 수 있었다. 바나바와 사울이 안디옥에 돌아와 예루살렘 회의의 결과를 들려주었을 때 헬라인들로 구성된 안디옥 교회 성도들은 위로를 받고 큰 기쁨을 누렸다고 성경은 기록하고 있다.

6장

상황화 1

앞에서 선교를 타문화에서 주의 복음을 전하는 것으로 정의했다. 복음은 저절로 사람들 앞에 드러나는 것이 아니라 누군가에 의해서 다른 사람에게 전달되는 것이다. 타문화에서 주의 복음을 전하는 것도 일반적인 의사소통 과정으로 보면 더 잘 이해가 된다.

의사소통의 원리

일반적으로 의사소통의 네 가지 요소는 발신자, 수신자, 메시지, 매체이다. 선교 현장에서 이 네 가지 요소는 다음과 같이 적용할 수 있다.

- 발신자(sender)란 메시지를 전달하는 사람을 말한다. 선교 현장에서 발신자는 복음을 전하는 선교사를 의미할 것이다.

- 수신자(receiver)란 메시지를 받는 사람을 말한다. 선교 현장에서 수신자는 선교사가 전하는 메시지를 듣는 사람을 말한다.
- 메시지(message)란 발신자가 수신자에게 전하려는 내용을 말한다. 선교 현장에서 메시지는 영광스러운 복음을 말한다.
- 매체(media)란 메시지를 전달하기 위해서 동원되는 수단을 말한다.

예를 들어 어떤 남자가 어떤 아가씨를 좋아한다고 할 때 그냥 멋없이 다가가서 "사랑한다"라고 말할 수도 있다. 하지만 빨간 장미꽃 스무 송이를 잘 포장해서 그 아가씨에게 아무 말 없이 내밀 수도 있다. 아마도 이렇게 하는 편이 훨씬 효과적인 사랑의 고백이 될 것이다. 여기서 발신자는 남자 청년이고, 수신자는 아가씨이며, 전하려는 메시지는 '내가 당신을 사랑한다'는 것이다. 그리고 메시지를 전달하기 위해 사용된 매체는 장미꽃이다.

분명한 것은 발신자와 수신자 사이에 미디어에 대한 이해가 같아야 제대로 된 의사소통이 이루어진다는 것이다. 종종 발신자와 수신자 사이에 미디어에 대한 이해가 달라서 문제가 벌어진다. 예를 들어 남편이 아내를 위해서 장미꽃을 사 왔는데 아내는 '왜 쓸데없이 돈을 이런 데 낭비하느냐'고 핀잔한다면 메시지가 제대로 전달되지 않은 것이다.

그런데 발신자와 수신자가 서로 다른 문화적 코드를 가지고 있다면 매체에 대한 이해가 달라질 수밖에 없다. 더욱이 타문화에서 의사소통을 할 경우 발신자는 자신이 가지고 있는 문화적 코드를 매체로 삼을 것이고 수신자는 그 매체를 자신의 문화적 코드로 이해하려 할 것이다. 성공적인 의사소통을 하려면 어떻게 해야 할까?

초등학교 1학년의 관심

초등학교 1학년 남자아이가 자기 반 여자아이를 좋아한다. 하지만 한 번도 좋아한다는 표현을 하지 못했다.

그러던 어느 날 좋은 기회가 찾아왔다. 남자아이가 아침 일찍 학교에 갔는데 교실에 아무도 없고 자기가 평소에 좋아하던 그 여자아이 혼자 창가에 서서 정원에 피어 있는 꽃을 감상하고 있었다. 남자아이는 살금살금 다가가서 발로 여자아이를 차 주었다. 이런 상황에서 그 여자아이는 어떻게 반응했을까?

'아, 내가 꽃을 감상하는데 나에게 몰래 다가와서 발길질을 하는 것을 보니 저 아이가 나를 정말 좋아하는가 보다.'

아마 이렇게 생각할 여자아이는 없을 것이다.

그러나 이 남자아이가 이런 어이없는 행동을 한 데는 나름의 이유가 있다. 자기 집에서 그렇게 해 왔기 때문이다. 아빠가 직장에서 돌아왔을 때 아이가 게임에 열중하고 있으면 아빠는 발로 아이를 툭 친다.

"이놈, 게임하느라 아빠한테 인사도 안 하네."

남자아이도 밖에서 놀다가 집에 돌아왔을 때 아빠가 열심히 축구 경기를 보고 있다면 자기도 아빠를 발로 툭 친다.

"아빠! 또 축구 구경하네."

하지만 여자아이의 집에서는 관심과 사랑을 나타내기 위해 발로 다른 사람을 차는 일은 절대로 하지 않는다. 그러니 갑자기 한 대 맞은 여자아이가 남자아이의 발길질에서 자신을 좋아한다는 메시지를 받기란 불가능한 일이다. 오히려 여자아이는 남자아이가 평소에 자기를 얼마나 싫어했으면 이렇게 아무도 없을 때 와서 한 대 때릴까 하고 부정적으로 생각할 가능성이 더 높다.

남자아이의 소통은 실패했다. 왜냐하면 자기에게 익숙한 방법으로 소통했기 때문이다. 이런 것을 발신자 중심의 의사소통이라고 한다. 만일 남자아이가 성공적인 의사소통을 하고 싶었다면 여자아이가 무엇을 좋아하는지를 알았어야 한다. 예를 들어 여자아이가 평소에 사탕을 좋아한다는 것을 알았다면 남자아이는 가방에 사탕을 가지고 다니다가 아무도 없을 때 그 여자아이에게 사탕을 주어야 했다.

남자아이가 아무리 좋아한다는 메시지를 보내도 수신자인 여자아이가 그것을 좋아한다는 메시지로 받아들이지 못했다면 소통은 실패한 것이다. 발신자 중심의 의사소통은 선교 현장에서 실제적인 문제로 나타난다.

예수님은 제자들과 목욕을 했다?

필자가 인도네시아에서 사역을 할 때, 한국에서 목사님이 오셔서 학생들에게 마태복음을 가르친 적이 있다. 마태복음을 통해 예수님이 제자들을 어떻게 훈련했는지 설명했는데, 예수님은 제자들에게 강의를 통해서 교육한 것이 아니고 제자들과 함께 살았다고 했다. 그러면서 예수님이 제자들과 함께 잤으며, 함께 먹었으며, 함께 걸어 다녔다고 구체적인 이야기를 해 주었다. 그리고 "예수님은 제자들과 함께 목욕도 같이 했을 것입니다"라고 말했다. '목욕'이라는 말이 나오자 인도네시아 대학생들의 얼굴이 모두 일그러졌다.

인도네시아 대학생들의 반응을 이해하기 위해서 인도네시아의 목욕 문화를 이해할 필요가 있다. 격년으로 열리는 선교한국 대회에 인도네시아 학생들도 몇 명씩 참석하는데, 이때 인도네시아 학생들은 여러 가지 문화 충격을 경험한다. 선교한국 대회는 보통 8월 초에 열린다. 우리나라 기후에서 가장 더울 때 열리는 것도 문제지만 대부분 숙소에 개인적으로 샤워할 수 있는 시설이 없어서 남자 참가자들은 대부분 공동으로 샤워를 한다. 한국에서는 서로 옷을 벗은 상태에서 공동 샤워실에서 샤워하는 것이 아무렇지 않은 일이지만 인도네시아 학생들에게는 상상도 할 수 없는 일이다. 인도네시아 문화의 관점에서 볼 때 함께 목욕을 한다는 것은 부적절한 관계를 의미하기 때문이다.

한국에서 온 목사님이 인도네시아 학생들에게 전하고 싶었던 메시지는 예수님이 제자들과 친밀하게 지냈다는 것이다. 하지만 예수님이 제자들과 함께 목욕을 했다는 말은 인도네시아 학생들에게는 예수님과 제자들의 관계가 매우 부적절했다는 것으로 받아들여졌다.

만약 목사님이 인도네시아 문화에 적절하게 말씀을 전하려면 어떻게 해야 했을까? 인도네시아 학생들에게 친밀한 관계에서는 무엇을 함께 하는지 물어볼 수 있다. 예를 들어 인도네시아 사람들은 서로 흉허물 없는 사이가 되면 두리안도 함께 먹는다. 두리안이라는 과일은 먹기 전에도 이상한 냄새가 나지만 먹고 나서 트림을 하면 그 냄새가 매우 견디기 힘들다. 하지만 아주 친한 사이에서는 그 냄새도 그리 문제가 되지 않는다. 이런 사실을 알았다면 한국 목사님은 제자들과 예수님이 친했다는 사실을 이렇게 표현할 수도 있었을 것이다.

"예수님은 제자들과 두리안도 함께 드셨을 것입니다."

만약 이런 표현을 들었다면 인도네시아 대학생들은 예수님이 제자들과 친밀했다는 메시지를 받아들였을 것이다. 그들 중에 '어? 2,000년 전에도 갈릴리에 두리안이 있었을까?' 하고 의문을 품는 학생은 없을 것이다. 두리안을 함께 먹는다는 것은 메시지를 전하기 위한 문화적 코드로 받아들여지기 때문이다.

타문화에 전달되는 복음이 현지인의 문화가 아닌 선교사의 문화 코드로 전달된다면 복음은 현지인들에게 낯선 것으로 느껴질 것이다. 또 잘못하면 그들이 가지고 있는 고유의 미풍양속을 해치는 나쁜 영향력으로 인식될 수도 있다. 선교사는 자신의 문화 코드를 포기함으로써 현지인의 문화 구조 안에서 얼마든지 복음의 전달이 가능하다는 것을 보여 주는 것이 바람직하다.

이런 과정을 상황화(contextualization)라고 하는데 복음을 전하는 사람이 복음을 듣는 사람의 문화 코드를 이용해서 복음을 전함으로써 의사 전달의 효과를 높이려는 노력이라고 할 수 있다.

역동적 등가

선교사들이 성경을 번역할 때 자신이 섬기는 사회에서 동일한 의미를 갖는 단어를 발견할 수 없다면 새로운 단어를 현지 사람들에게 소개할 것인가 아니면 의미가 똑같지는 않지만 그 사회에서 이미 사용되고 있는 단어로 대체할 것인가를 두고 고민하게 된다. 똑같은 의미는 아니지만 비슷한 의미의 단어로 대체하는 것을 역동적 등가(Dynamic Equivalent)라고 부른다.

요한계시록에서 주님이 밖에 서서 문을 두드리고 계시다는 것이 어떤 문화에서는 매우 이상한 행동으로 보인다. 그 문화에서 남의 집 문을 두드리는 것은 물건을 훔치러 온 도둑의 행동이기 때문이다. 따라서 성경을 번역할 때 그 표현이 문화적으로 적절한지 세심한 주의를 기울여야 한다.

"나는 생명의 빵"

성경에는 예수님이 광야에서 오천 명에게 떡을 나누어 주었다고 기록되어 있다. 영어로 '브레드'(bread)라고 되어 있는 그 단어를 우리말 성경에서는 '떡'으로 번역했는데, 예수님이 나누어 주신 떡이 우리가 흔히 먹는 쌀로 만든 떡이 아니라 밀가루 혹은 보리가루로 만든 빵이라는 것은 우리가 모두 알고 있는 사실이다. 조선에 들어온 선교사들이 만약 '빵'이라는 단어를 사용했다면 당시 조선 사람들은 예수님이 나눠 주신 것이 무엇인지 이해할 수 없었을 것이다. 왜냐하면 조선 시대에는 동네마다 베이커리 전문 매장이 있었던 게 아니기 때문이다. 이럴 때 '빵'이라는 낯선 단어를 새롭게 소개하는 대신 조선 사람들에게 이미 익숙한 '떡'으로 번역하는 것이 역동적 등가의 예라고 할 수 있다.

빵과 떡은 여러 면에서 다르다. 빵은 밀가루로 만들고 떡은 쌀가루로 만든다. 빵은 오븐에서 굽지만 떡은 시루에서 증기로 찐다. 하지만 더 중

요한 것은 기능의 차이다. 빵은 중동 지역에서 주식이다. 하지만 아시아에서 떡은 간식이다. 예수님이 들에서 오천 명에게 빵을 나누어 주었다는 것은 끼니를 제공해 주었다는 이야기다. 요즘 말로는 도시락을 나눠 주었다고 생각하는 것이 나을 것이다.

예수님이 '나는 하늘에서 내려온 생명의 떡'이라고 한 말도 다시 생각해 보아야 한다. 중동 사람에게 '예수님은 생명의 빵'이라고 하면 그들은 식사 때 늘 먹는 빵을 생각하고 '아, 예수님이야말로 우리 생명의 근원이구나!'라고 받아들일 것이다. 하지만 우리나라에서 떡은 간식일 뿐이다. '생명의 떡이신 예수님'은 우리나라 사람에게 '생명의 근원'이라는 느낌으로 충분히 다가오지 않는다는 아쉬움이 남는다.

예수님을 간에 영접하라?

인도네시아에서 처음 언어를 배울 때 예수님을 간에 영접한다고 해서 깜짝 놀랐다. 인도네시아 말로 '하띠'(hati)는 간을 의미한다. 물론 하띠가 마음을 의미하기도 한다. 영어로는 마음에 해당하는 장기는 'heart', 즉 심장이다. 하지만 주님을 마음에 영접한다고 말할 때 심장에 해당하는 인도네시아어 '잔뚱'(jantung)을 사용하면 매우 이상하게 들린다.

어떤 부족에서는 예수님을 목구멍에 영접한다. 아마도 그 부족은 숨을 쉬지 못하면 사람이 죽는다고 생각해서 목구멍을 신체 장기 중 가장 중요한 부위라고 생각했을 것이다. 그 부족에 들어간 선교사들이 예수님을 심장에 영접하라고 강요하지 않고 '목구멍'에 영접하라고 설명함으로써 그 부족 사람들은 더 분명하게 이해할 수 있었을 것이다.

상징 빼앗기

에딘버러 대학의 선교학자 앤드루 월스 교수가 말하는 '상징 빼앗기' (symbol theft)는 복음을 전할 때 이교도의 종교적 용어를 폐기하고 낯선 용어를 사용하기보다는 그들에게 익숙한 종교적 용어를 사용하여 그 의미를 변화시키라는 것이다.

앞에서 살펴보았듯이 사도행전 11장 20절에서 흩어진 사람들이 안디옥의 헬라인에게 '주 예수'를 전했다는 기록은 우리에게 대단한 통찰력을 제공한다. 흩어진 사람들은 유대적 배경을 가진 사람들이 사용하던 '메시아'라는 단어를 소개하는 대신, 이교도인 헬라인들이 사용하던 상징인 '주'를 그대로 가져와서 기독교를 설명하는 다른 의미로 변화시켰다.

이교적 용어라고 모두 갖다 버릴 필요가 없다. 오히려 그들의 용어를 사용하는 것이 기독교를 이질적인 것으로 보이지 않게 만드는 중요한 요인이 되기도 한다. 한국의 기독교에서 사용하는 용어 중에도 불교에서 온 용어가 많이 있다. 대표적인 것이 기도다. 기도는 기독교인만 하는 것이 아니다. 불교 신자들도 절에서 기도를 한다. 다만 그 형태는 우리와 좀 다르다. 불교에서 기도를 할 때는 사람의 생년월일을 언급한다는 특징이 있다.

갑오생 손창남

필자가 예수를 처음 믿을 당시에 필자의 어머니는 절에 열심히 다니는 보살님이었다. 필자가 예수님을 믿은 지 15년 후 그러니까 인도네시아에 선교사로 나가기 직전에야 어머니는 예수님을 구주로 영접하셨다. 어머니는 이미 미국으로 이민을 가 계셨기 때문에 자주 만나 볼 수 없는 상황이었다. 필자는 선교 훈련을 받기 시작하면서 어머니께 기도를 부탁하고 싶었다. 미국으로 전화를 걸어서 예수를 믿으신 지 얼마 되지 않은 어머니께 기도를 부탁했다.

"어머니, 이제부터 선교사 훈련을 받게 되었어요. 매일 저를 위해서 꼭 기도해 주세요."

그러자 어머니가 대답하셨다.

"그래, 걱정 마라. 내가 새벽마다 일어나서 '갑오생 손창남'을 위해서 하나님께 기도하고 있다."

고등학교 3학년 때 주님을 만나기 전까지는 나도 어머니를 따라 절에 가서 불공을 드리고 기도를 했기 때문에 어머니께서 '갑오생 손창남'이라고 기도하신다는 말씀을 이해할 수 있었다. 필자가 태어난 해가 1954년 갑오년이다.

어머니는 예수님을 믿고 교회에 나간 지 얼마 되지 않았지만 기도하는 법을 안다고 생각하셨다. 그리고 물론 하나님은 우리의 이름 앞에 생년을 붙인다고 해서 나무라실 분이 아니다. 통화를 거의 마칠 때쯤 내가 어머니께 드릴 수 있는 말씀은 이것이었다.

"어머니, 감사합니다. 저를 위해서 꼭 날마다 기도해 주세요. 하지만 하나님은 '갑오생'이라고 연도를 말하지 않아도 손창남을 위해서 기도한다고 하면 다 이해하세요."

기도라는 단어가 불교에서 가져온 것이기 때문에 필자의 어머니는 기도를 매우 익숙한 것으로 생각하셨던 것이다.

번역 가능성

이슬람이나 힌두교 등 다른 세계 종교와 비교했을 때 기독교는 여러 가지 면에서 독특하다. 그 중 하나가 소위 '번역 가능성'(translatability)이라는 것으로, 문화를 넘어서도 그 진리가 변질되지 않고 전해질 수 있다는 특징이 있다.

예수님은 아람어를 쓰셨다. 하지만 예수님의 말씀과 행위가 기록된 신약 성경의 복음서는 헬라어로 쓰였다. 이 사실이 우리에게 시사하는 바가 많다. 즉 예수님이 아람어로 말씀하신 모든 단어를 복음서 기록자들은 헬라의 종교 용어로 바꿔 표현했다는 것이다. 사도행전의 흩어진 사람들이 안디옥의 헬라 사람들에게 '퀴리오스'인 예수를 전한 것과 같다.

기독교와 달리 이슬람교는 매우 경직된 진리를 주장한다. 이슬람에서는 선지자 무함마드가 알라의 계시를 받았을 때 아랍어로 들었기 때문에 아랍어로 기록된 꾸란만이 진리를 간직하고 있다고 믿는다. 또한 아랍어로 기록된 꾸란을 다른 언어로 번역하면 그 뜻이 정확히 전달되지 않는다고 믿는다. 그래서 이슬람교도들은 기독교의 진리가 왜곡되었다고 믿는 이유 가운데 하나로 성경이 번역되었다는 점을 지적하기도 한다. 하지만 성경은 다른 여러 언어로 번역되는 과정에서 왜곡된 것이 아니라 사실은 복음의 의미가 더욱 풍성해졌다.

그러니 하나님께서 우리에게 전해 주신 성경이 얼마나 대단한가? 신약만이 아니다. 구약 성경의 경우, 예수님이 오시기 250년 전에 알렉산드리아에서 유대 장로 72명이 모여 헬라어로 번역했는데 이것을 당시 헬레니즘 시대에 흩어져 살고 있던 디아스포라 유대인들이 하나님의 말씀으로 받아들였다.

번역 가능성은 타문화 사역에서 매우 중요한 전제가 된다. 만약 하나님의 진리가 한 언어로만 전달되어야 한다면 복음의 확산은 쉽지 않을 것이다. 사도행전에서는 이 부분을 분명히 다루고 있다. 사도행전 2장의 오순절 사건에서 각국에서 모여든 사람들은 "우리가 우리 각 사람이 난 곳 방언으로 …… 하나님의 큰 일을 말함을 듣는도다"(행 2:8, 11)라고 고백했다.

백부장 고넬료의 집에서 베드로가 경험한 사건 또한 번역 가능성에 대한 좋은 증거다. 고넬료가 유대인이 사용하던 아람어를 유창하게 했을 리가 없고 베드로가 헬라어를 유창하게 했을 리도 없다. 아마도 베드로와 함께 따라 간 사람들 가운데 베드로의 통역을 맡은 사람이 있었을 것이고 베드로는 통역을 통해 하나님의 말씀을 이방인인 고넬료 가족에게 전했을 것이다.

이 원리는 하나님의 이름을 다르게 부르는 것에도 적용할 수 있다. 예를 들어 '알라'는 이슬람교의 신이라기보다는 아랍 문화권에서 통상적으로 사용되는 토속적인 하나님의 이름으로 보는 것이 옳을 것이다. 현재 아랍 지역의 그리스도인들은 하나님을 알라라고 부른다. 심지어 필자가 사역했던 인도네시아에서도 그리스도인들이 하나님을 알라라고 부른다. 인도네시아어 성경에서 하나님을 알라라고 기록하고 있기 때문이다. 예를 들어 창세기 1장 1절 "태초에 하나님이 천지를 창조하시니라"는 인도네시아어로 "Pada mulanya Allah menciptakan langit dan bumi"이다.

다음은 미션 퍼스펙티브스에 나오는 케이스인데, 상황화된 복음을 전하는 것이 얼마나 중요한지를 잘 보여 주는 좋은 사례라고 생각되어 이곳에 소개한다. 원문은 긴 분량이지만 지면을 생각해서 필자가 조금 줄여서 다시 썼음을 밝힌다.

몽골의 경우

이 이야기는 1990년 몽골이 소비에트 연방에서 독립하여 자유로워지자 몽골에 들어간 스웨덴 선교사 부부 매그너스와 마리아로부터 시작된다. 여기에 브라이언 호건 등 몇 개 나라에서 온 사람들이 합류한 국제 팀은 몽골에서 세 번째로 큰 도시 에르데네트(Erdenet)에서 사역을 시작한다.

모임은 어린 소녀 열네 명으로 시작해서 점차 성장하여 교회의 모습을 갖추기 시작했다. 하지만 전통적인 몽골 천막인 게르(ger)에 사는 유목민 남자를 진짜 몽골인이라고 생각하는 몽골 사람들에게 복음을 전하는 일은 잘 진행되지 않았다. 그러다가 젊은 '진짜 몽골인' 남자 두 명이 교회에 오면서 교회 개척 팀의 사역에 돌파가 시작되었다. 그들을 통해 사역이 활발해지는 몇 가지 계기가 있었다.

선교사들은 몽골어로 하나님을 '유르텅칭 에젱'(Yertontsiin Ezen)이라고 소개했다. 하지만 나중에 교회에 온 진짜 몽골인 장로들은 몽골인들이 토속적으로 사용하던 '보르항'(Borkhan)이라는 단어를 사용하기로 했다. 이렇게 하면서부터 전통적인 몽골인들이 복음을 갑자기 수용하게 되었다. 현지인들의 눈높이로 복음이 전해지는 훌륭한 계기가 마련된 것이다.

물론 선교사들이 보르항이라는 용어를 피하려고 한 이유가 있었다. 보르항은 불교 신앙의 뿌리를 가지고 있기 때문에 혼합주의가 되거나 혼동을 일으킬 우려가 있다고 판단한 선교사들이 몽골어로 성경을 번역하면서 '하나님'을 뜻하는 새로운 용어를 만든 것이었다. 유르텅칭 에젱은 '우주의 주인'이라는 뜻이다. 하지만 이 용어는 몽골인들에게는 생소하고 비현실적인 소리로 들렸다.

장로들은 훈련을 통해서 하나님의 이름을 유르텅칭 에젱이라고 배웠지만 몽골의 전통 용어인 보르항이 그보다 적절하고 받아들일 만하며 성경의 의미를 충족시킬 수 있다고 결정했다. 이렇게 하나님의 이름이 변경된 것은 때마침 축귀와 신유를 기대하고 교회로 몰려온 사람들의 필요와 잘 맞았다. 이적을 일으키는 하나님의 이름이 무슨 과학 소설에 나오는 신의 이름처럼 들리지 않고 자신들에게 이미 익숙한 이름이라는 것이 복음의 돌파를 가져왔던 것이다.

선교사 팀은 가능한 한 사역 초기부터 몽골 현지 리더들이 결정하도록 하고 뒤에 머물러 있었다. 사역의 모든 부분을 현지인들이 쉽게 따를 수 있는 방식으로 진행했다. 예를 들어 침례는 욕조에서 하고 찬송은 외국 것을 사용하기보다는 몽골 전통 가락에 맞추어 부르도록 했다.

교회 안의 심각한 문제들에 대해서도 몽골 지도자들이 성경을 연구하면서 해법을 찾도록 제안했다. 성적 순결이나 구혼에 관련된 문화적 사각지대는 원칙을 규정하고 가르치고 시행함으로 해결했다. 몽골 지도자들이 고안한 해법은 성경적으로 그리고 문화적으로 올바른 것이었고 선교사들이 고안하는 해법보다 월등히 좋았다.

예배의 형식 또한 선교사들이 본국에서 드리는 예배와는 완전히 다르게 할 수 있도록 맡겼다. 몽골 사람들은 예배 중에 드라마와 간증을 위해서 오랜 시간을 보내는 것을 좋아했다. 드라마 팀이 성경 이야기와 몽골인의 일상생활을 소재로 촌극과 연극, 뮤지컬 등 각본을 쓰고 제작했다. 이것은 강력한 교육과 전도의 도구가 되었다.

시간이 얼마 지나지 않아 예배의 모든 순서가 몽골인의 손으로 진행되었다. 마치 하나님이 몽골의 전통 옷을 입고 예배에 임재해 계시는 느낌이 들 정도였다. (후략)

이 사례에서 몽골 교회가 빠른 시간 내에 부흥을 경험한 데는 보르항이라는 토착적 신의 이름과 상황화된 예배를 통해서 복음이 거부감 없이 확산되었기 때문이다. 이처럼 상황화된 복음은 타문화에서 복음을 효과적으로 확산시켜 준다.

구속적 유사

구속적 유사란 각 민족마다 복음을 설명할 때 사용하는 민족의 고유한 이야기를 말한다. 그것은 오래 전에 일어난 일일 수도 있고 현재 진행되고 있는 이야기일 수도 있다. 돈 리처드슨(Don Richardson)이라는 선교사는 하나님이 각 민족이 예수님의 구속 이야기를 자신들의 문화에 맞게 인식하도록 미리 준비시켜 놓으셨다고 설명한다. 따라서 선교사는 그 지역 주민들이 자신의 방법대로 복음을 이해하도록 그들의 문화와 역사를 진지하게 배워야 한다고 말한다.

화해의 아이

돈 리처드슨은 인도네시아의 이리안자야(현재는 파푸아라고 부름)라는 지역에서 '사위'라는 부족에게 성경을 번역하고 가르치는 사역을 했다. 사위 족은 배신을 주요한 가치로 여기는 부족이었기 때문에 그들에게 복음을 전하는 것이 쉽지 않았다. 리처드슨 선교사가 신약 성경을 번역해서 사람들에게 들려주었지만 사람들은 예수님의 가르침에 별로 흥미를 느끼지 못했다. 복음서 앞부분에 나오는 산상수훈에 대해서는 별로 반응을 보이지 않던 사람들이 복음서 뒷부분에서 가룟 유다가 예수님을 배반했다는 말에 오히려 감동을 받았다.

하지만 어느 날 이들에게 익숙한 방법으로 복음을 전할 수 있는 기회가 생겼다. 사위 족이 이웃 부족과 전쟁을 한 후 서로 화해하는 장면을 통해서 선교사는 복음을 전할 실마리를 찾은 것이다. 오랜 싸움을 끝내는 과정에서 양쪽 부족장의 아기를 서로 교환하는 것을 보고 리처드슨 선교사는 하나님과 사위 족 사이의 관계를 설명할 수 있었다. 그는 부족민을 모아 놓고 설명했다.

"하나님과 우리 사이는 원수지간이었습니다. 그런데 하나님이 우리와 화해하기 위해서 아들을 주시겠다고 합니다. 그 아들을 받겠습니까?"

그리고 하나님의 아들 예수를 받아들이는 것을 믿음으로 설명했다. 사위 족은 모두 예수님을 믿었고 부족 안에 놀라운 부흥이 있었다.

유대인에게 예수 그리스도의 죽음은 그들에게 이미 익숙한 유월절 어린양의 피로 충분히 설명이 되었다. 하지만 그 외의 다른 민족들에게 피는 그렇게 유쾌한 것이 아니다. 필자가 처음 교회에 가서 "예수의 피밖에 없네"라는 찬양을 부를 때 매우 거북했다. 우리가 복음을 전할 때에는 우리에게 익숙한 단어나 이야기를 가지고 전할 것이 아니라 듣는 사람들에게 익숙한 이야기를 가지고 전해야 한다. 이를 구속적 유사라고 한다. 선교사들은 자신들이 도착한 타문화에서 이런 이야기들을 찾아내 복음을 설명하려고 애썼다.

복음 증거의 장애: 벽과 협곡

선교지 사람들이 선교사의 문화로 코팅된 복음을 받아들이는 데는 두 가지 큰 어려움이 있다.

하나는 복음이 외국에서 온 것으로 보인다는 것이다. 복음이 그 민족의 문화로 옷 입지 않고 외국의 옷을 입고 있을 때 그 민족 내에서 복음의 확산은 매우 어렵다. 하지만 그 민족의 문화로 옷 입고 있다면 복음은 그 민족 내에서 좀더 쉽게 확산될 수 있다. 복음을 현지의 옷으로 갈아입히는 작업 가운데 하나가 하나님을 토착적인 이름으로 부르는 것이다.

또 하나는 외국 문화의 옷을 입은 복음이 현지 민족의 미풍양속을 깨는 것처럼 보일 수 있다는 점이다. 이것은 그 민족에게 커다란 위협으로 느껴질 것이다. 예를 들어 돼지고기를 먹지 않는 지역이 있다고 하자. 만약 돼지고기를 먹는 선교사들이 복음을 전한다면 그 동네 사람들은 그리스도를 믿으면 돼지고기를 먹을지도 모른다고 생각하여 복음을 받아들이지 않을 수 있다. 하지만 만약 선교사가 현지 문화의 옷을 입은 복음을 전한다면 선교지 사람들은 자신들이 오랫동안 지켜 온 세계가 위협받는다는 느낌을 받지 않을 것이다.

이 두 어려움을 벽과 협곡이라고 부른다. '벽'은 선교사가 타문화에 복음을 전할 때 넘어야 하는 장애로, 선교사는 복음을 현지의 문화 코드에 맞게 전해야 한다. '협곡'은 선교사에게 복음을 받아들인 현지 그리스도인이 기독교를 이해하고 현지의 다른 사람들에게 복음을 전달하기 위해서 극복해야 하는 장애를 말한다. 복음을 들은 사람은 복음을 전해 준 선교사를 보면서 기독교를 이해하게 되는데, 이때 선교사는 현지의 그리스도인들이 자신의 관습을 버리지 않고 그들의 문화 안에서 하나님을 믿을 수 있도록 도와야 한다.

성경에서 '벽'을 넘은 이야기는 사도행전 11장에서 흩어진 사람들이 안디옥의 헬라인에게 '주 예수'를 전한 것이 대표적이다. '협곡'을 제거

하려는 노력은 사도행전 15장에 기록된 예루살렘 교회에서 열린 회의일 것이다. 유대 문화의 배경을 가진 예루살렘 교회의 지도자들은 선교사의 보고를 듣고서 이방인은 유대인이 가지고 있는 율법의 의무를 지키지 않아도 된다고 말해 주었다. 이렇게 협곡을 없애 줌으로써 더 많은 사람이 주님께 돌아올 수 있게 되었다.

이제 구체적으로 이슬람 사회에서 벽과 협곡이 어떻게 나타나는지 살펴보면 이해에 도움이 될 것이다.

교회를 찾아간 하싼

만일 이슬람 신자가 상당히 서구화된 그리스도인들의 모임에 참석한다면 어떤 기분을 느끼게 될까? 어떤 지역에 하싼이라는 무슬림 청년이 있었다. 그 동네에는 그에게 복음을 알려 주는 사람이 한 명도 없었다. 하지만 어떤 사람에게서 꾸란에 나오는 '이사 알 마시'를 믿는 사람들(즉 그리스도인들)이 옆 동네에 있다는 이야기를 들었다. 그곳에 가면 자기가 들었던 꾸란의 '이사 알 마시'에 대해서 더 자세히 알 수 있을 것이라는 기대감에, 그는 가족들 모르게 반나절을 걸어서 그리스도인들이 모이는 교회라는 곳을 찾아갔다.

하지만 그는 교회 건물을 보는 순간 마음이 착잡해졌다. 건물 지붕에는 십자가가 높이 달려 있었다. 그는 할아버지에게 들은 십자군 이야기가 생각났다. 오래 전, 어디선가 나타난 사람들이 십자가 장식을 한 창으로 마을 사람들을 죽였다는 이야기였다. 하싼은 자기가 그토록 오고 싶었던 교회에서 자기 조상들이 가장 싫어하는 십자가를 보고 망설이지 않을 수 없었다. 하지만 결국 교회 안으로 들어가기로 결심했다.

예배가 시작되었는지 교회 바깥에는 아무도 없었다. 사람들이 교회 안에서 예배를 드리고 있는 것 같은데, 문제는 아무도 신을 벗고 들어간 흔적이 없다는 것이었다. 그곳은 분명히 하나님을 만나는 곳일 텐데 사람들이 왜 신발을 신고 들어갔을까. 그는 자신도 신발을 신고 예배당 안으로 들어가야 할지 잠시 망설였다. 왜냐하면 그는 어릴 때부터 하나님을 예배하는 장소에는 신발을 벗고 가야 한다고 들었기 때문이다. 그리스도인들이 모두 신발을 신은 채로 하나님을 예배한다는 것이 신기하기만 했다.

예배당 안으로 들어간 하싼은 다시 한 번 놀라고 말았다. 하나님을 예배하는 사람들이 모두 의자에 앉아 있었다. 그는 어릴 때부터 하나님을 예배할 때는 바닥에 앉거나 일어서서 거룩하신 하나님을 예배해야 한다고 들었다. 그런데 교회에서는 사람들이 모두 의자에 앉은 채로 하나님을 예배하는 것이 아닌가.

다른 문제도 있었다. 긴 의자에 남녀가 섞여 앉아서 예배를 드리고 있었다. 무슬림에게 남녀가 함께 앉는다는 것은 매우 다른 의미를 갖는다. 그는 할 수 없이 사람들이 앉아 있는 의자에 앉았다. 옆에 앉은 여성을 보고 또 깜짝 놀랐다. 무슬림이라면 당연히 가려야 할 신체 부위를 드러내 놓고 예배를 드리고 있었다.

그것만이 아니었다. 강단에는 꽃을 많이 장식해 놓았는데, 꽃은 힌두교 사원에나 갖다 바치는 것으로 알고 있었다. 적어도 자기가 아는 하나님을 경배하는 데 꽃이 필요하다고 생각한 적은 한 번도 없었다. 곧이어 사람들이 찬양을 불렀다. 찬양은 최신 음악의 곡조에 맞추었는데, 마이클 잭슨이나 마돈나가 부르는 것과 같은 곡조였다.

하싼은 하나님을 제대로 예배할 줄 모르는 이 사람들에게 '이사 알 마시'에 대해서 묻고 싶은 마음이 싹 사라졌다. 그는 조용히 자기 마을로 돌아왔다.

이 이야기에서 하싼이 불편함을 느낀 여러 요소는 그리스도인들에게 본질적인 요소가 아니다. 물론 예배를 방해하는 요소도 아니다. 하지만 서구화된 예배 형태는 무슬림들에게 쉽게 넘을 수 없는 협곡이다. 만약 예수를 따르는 사람들이 무슬림 배경을 가진 관심자들을 배려해서 이런 장애물을 줄일 수 있다면 복음의 확산이 더 쉽지 않겠는가.

그대로 머물러 있어라

복음을 전하는 선교사는 복음만을 전하고 선교사 본국의 문화를 전하지 않도록 노력해야 한다. 그리스도인이 된다는 것은 우리가 속해 있던 문화를 떠나는 것을 요구하지 않는다. 사도 바울은 고린도전서 7장에서 '그대로 머물라'고 말하는데 이것이 좋은 성경적 원리가 될 수 있다. 사도 바울은 할례를 받은 사람이 예수를 믿었다는 이유로 무할례자가 될 필요가 없고 할례를 받지 않은 사람이 예수를 믿었다는 이유로 할례자가 될 필요가 없다고 말한다.

할례자로서 부르심을 받은 자가 있느냐 무할례자가 되지 말며 무할례자로 부르심을 받은 자가 있느냐 할례를 받지 말라 할례 받는 것도 아무것도 아니요

할례 받지 아니하는 것도 아무것도 아니로되 오직 하나님의 계명을 지킬 따름이니라 각 사람은 부르심을 받은 그 부르심 그대로 지내라(고전 7:18-20)

또 노예 제도가 있던 당시 상황에서, 자유인이었던 사람이 예수를 믿었다는 이유로 굳이 종이 될 필요가 없고 종의 신분으로 예수를 믿은 사람도 자유인이 되려고 전전긍긍할 필요가 없다고 말한다.

형제들아 너희는 각각 부르심을 받은 그대로 하나님과 함께 거하라(고전 7:24)

사실, 사도 바울이 고린도전서 7장에서 다루려고 한 것은 결혼 문제였다. 독신일 때 예수를 믿은 사람이 굳이 결혼하려고 할 필요도 없고 결혼한 상태에서 예수 믿은 사람이 독신이 될 필요가 없다고 말하고 있다.

오직 주께서 각 사람에게 나눠 주신 대로 하나님이 각 사람을 부르신 그대로 행하라 내가 모든 교회에서 이와 같이 명하노라(고전 7:17)

문화에 대해서도 사도 바울의 권면을 적용한다면, 우리가 한국 사람으로서 그리스도인이 되었다면 한국 문화를 벗어 버릴 필요가 없다는 가르침이다. 1800년대 중반에 중국에 간 허드슨 테일러는 이렇게 강조했다.

"선교사나 개종자들이 유럽식 옷을 입고 서양식 교회를 짓는 것이 대다수 중국인에게 복음이 받아들여지지 않는 주된 요인으로 보았다. 중국 기독교에

굳이 서양 냄새가 나게 할 필요는 없다. 그것은 성경적인 것도 아니고 타당한 이유가 있는 것도 아니었다. 우리가 하는 사역은 '중국인으로 하여금 자기 나라 사람이 되지 말라는 것이 아니고 중국인으로서 그리스도를 믿는 사람이 되라고 하는 것이다." (로저 스티어, 《예수를 따르는 길》에서)

상황화의 목표

우리가 기대하는 상황화는 타문화에 전해진 복음이 이국적인 것이 아니라 원래부터 그 문화 안에 있었던 것처럼 보이기를 목표로 한다. 몇 년 전 〈조선일보〉 '만물상'에 실린 내용 중에 이러한 상황화의 목표를 잘 보여 주는 이야기가 있어서 요약해서 소개한다.

"당신네 나라에도 사과나무가?"
조선 말기, 우리나라에 온 미국 선교사들이 사과나무를 가져와서 우리나라 농부들에게 소개했다고 한다. 한국 농부들은 여러 곳에 사과를 심었는데 그 중 몇 군데에서는 토질과 기후가 알맞아서 맛있는 사과를 수확할 수 있었다. 한국 농부들이 재배한 사과는 매우 맛있었고 미국 사과의 맛과 상당히 달랐다.
많은 시간이 흘러, 미국 선교사들은 자신들이 전해 준 사과 농사를 잘하고 있는지 보려고 다시 농장을 방문했다가 사과 맛을 보고 감탄했다. 그러자 미국 선교사들이 사과 농사를 가르쳐 주었다는 것을 모르는 한국 농부들이 미국 선교사들에게 '당신네 나라에도 사과가 있느냐'고 물었다고 한다. 미국 선교사가 가지고 온 사과나무지만 한국 농부들은 우리가 이전부터 먹어 온 과일이라고 생각하고 있었던 것이다.

선교의 고수들은 이미 이 원리를 터득하고 있었다. 그 가운데 한 사람은 필자가 인도네시아에서 만난 톰 신부님이다. 톰 신부님은 네덜란드 출신의 가톨릭 선교사다.

톰 신부님과의 만남은 조금 특이하다. 인도네시아에서 필자가 사역하고 있던 죠이 모임에 가톨릭 배경의 대학생들이 오기 시작했다. 처음에는 여러 가지 활동에 관심이 있어서 왔지만 결국 주님을 만나게 되었다. 하지만 나는 가톨릭 배경의 학생들에게 가톨릭 교회를 떠나서 개신교 교회로 옮기라고 권하지 않았다.

1997년의 어느 날 톰 신부님이 죠이 모임에 갑자기 찾아오셨다. 그는 자기가 섬기는 성당에 다니는 학생들에게 죠이 이야기를 여러 번 들었다고 했다. 신부님이 찾아왔을 때 나는 마침 매주 열리는 화요 기도 모임에서 설교를 하고 있었다. 모임이 끝나고 나를 찾아온 신부님은 악수를 청하며 내 설교를 듣고 놀랐다고 말했다. 그는 개신교 선교사가 칼뱅이나 루터 이야기를 하지 않고 예수 그리스도만 이야기하는 것을 보고 마음을 더 열게 되었다고 말했다. 그때부터 한 달에 한 번씩 만나 식사도 하고 교제하면서 나는 신부님에게서 많은 것을 배웠다. 톰 신부님도 나에게서 배운다고 말했지만 사실은 내가 배우는 것이 더 많았다.

톰 신부님은 내가 인도네시아를 떠나는 것을 몹시 아쉬워했다. 그 후 톰 신부님을 다시 만난 것은 2003년부터 시작된 족자 세미나 때문이었다. 족자 세미나는 여러 명의 학생 사역자들이 족자에 가서 인도네시아 죠이가 하는 사역을 보고 그곳 사역자들의 이야기도 듣고 서로 토론하기도 하면서 사역에 대해 고민하는 시간이다.

로마 톰의 부채 이야기

톰 신부님은 그 세미나의 단골손님이었다. 자신이 관찰한 죠이 사역에 대해서 간단명료하지만 의미심장한 코멘트를 많이 해 주셨다. 한번은 세미나 참석자 가운데 한 명이 톰 신부님에게 이런 질문을 했다.

"신부님은 이곳에 선교사로 오셨으니 만약 한국 선교사가 인도네시아 죠이에서 하고 있는 사역의 원리 가운데 어떤 것을 선교지로 가지고 가면 좋을지 말씀해 주세요."

질문자의 말이 끝나기가 무섭게 톰 신부님이 대답했다.

"선교사는 원리를 가지고 가는 사람이 아니라 부채를 가지고 가는 사람입니다."

통역을 하던 나는 마치 고승의 선문답 같은 대답에 어리둥절해졌다. 그러나 이어지는 톰 신부님의 설명을 듣고 무릎을 쳤다.

"선교지에 가면 그곳에 모두 불이 있습니다. 그런데 많은 선교사들이 본국에서 강력한 불을 가지고 와서는, 현지의 연약한 불을 꺼 버리고 자기가 가지고 온 불을 붙여 놓습니다. 하지만 선교사가 철수하고 나면 그 선교사가 가지고 온 불도 꺼지고 현지의 불도 꺼집니다. 선교사들은 부채만 들고 가서 현지의 불을 살려 놓고 오면 됩니다."

세미나에 참석한 모든 사람이 톰 신부님의 대답에 놀랐다. 부채라는 단어로 선교의 중요한 원리를 간단하게 설명하는 모습이 마치 예수님이 하나님의 나라를 간단한 비유로 제자들에게 이야기하시는 것 같다는 인상을 받은 것이 나 혼자만은 아니었을 것이다.

7장

상황화 2

혼합주의

상황화 과정에서 가장 염려가 되는 것은 혼합주의(Syncretism)다. 혼합주의란 기독교의 모양을 띠고 있지만 내용은 과거에 가지고 있었던 신앙을 그대로 유지하는 것을 말한다. 예를 들어 선교지의 성탄절 행사를 생각해 보자. 선교지에서든 본국에서든 성탄절에 선포되어야 하는 핵심 메시지는 그리스도가 세상에 구주로 오셨다는 것이다. 하지만 많은 지역에서 성탄절 기념 행사는 혼합주의의 모습을 띤다.

선교지의 성탄절

필자가 인도네시아에 있는 동안 기독교인이 다수인 지역에서 온 학생들이 모여 성탄 행사를 한다며 내게 말씀을 전해 달라고 부탁한 적이 있다. 경제적으로나 사회적으로나 매우 취약한 곳에서 온 학생들이 정성껏 준비한 성탄 행사에 초청을 받았으니 특별한 기대를 가지고 행사장으로 갔다.

행사장을 정성껏 꾸미고 손님들을 맞느라고 학생들은 여념이 없었다. 모임 장소도 성탄 장식을 해서 무척 새롭게 보였다. 하지만 강대상 앞의 데코레이션을 보고 깜짝 놀랐다. "기쁘다 구주 오셨네!"라고 인도네시아 말로 써 놓은 것까지는 좋았는데, 그 옆에 산타클로스가 사슴이 끄는 썰매를 타고 가는 큰 그림이 걸려 있었다.

여러 선교지에서 진행되는 성탄절 행사를 생각해 볼 때 나의 이 경험이 그렇게 낯선 것만은 아니다. 예수님의 탄생과 산타클로스의 출현이라는 절묘한 조합이야말로 혼합주의의 가장 대표적인 모습인데, 이것은 예수님의 탄생의 의미가 무엇인지 제대로 이해하기 전에 선교사가 가지고 온 선교사 본국의 성탄절 문화가 그대로 이식된 경우라 하겠다.

선교사는 자신이 본국에서 즐기던 성탄절의 문화를 이식하지 말고 예수님이 우리 가운데 오신 것의 메시지를 현지인들에게 정확하게 전달하여 그들이 자신들의 문화에서 그리스도의 탄생을 축하하는 문화적 축제를 할 수 있도록 도와야 한다.

다원주의적 세계관을 가진 선교지에서는 혼합주의가 나타날 가능성이 높다. 인도에서 택시를 타면 여러 신의 그림이 붙어 있고 그 사이에 예수 그리스도의 그림도 있는 것을 흔히 볼 수 있다고 한다. 그것을 보고 택시 기사에게 예수를 믿느냐고 물으면 그는 예수를 믿는다고 대답할 것이다. 그들의 세계관 안에서는 누구든 신이 될 수 있기 때문이다. 자기들이 믿는 수백 가지 신에 예수라는 또 하나의 신을 추가한다고 해서 문제될 것은 없다고 생각하는 것이다.

도둑이 누군지 알려면

인도네시아 사람들의 세계관은 복잡하다. 겉은 이슬람교나 기독교 신앙을 가지고 있는 것 같은데 속은 예전의 힌두교적 세계관인 경우가 많고, 그 속을 들여다보면 정령 숭배적인 세계관이 자리하고 있다.

인도네시아 족자에 이사 온 지 얼마 되지 않아 도둑이 집에 들었다. 도둑은 아이들이 좋아하는 텔레비전 수상기와 게임기, 비디오 플레이어를 가지고 갔다. 당시 신학교에 다니는 학생 몇 명과 친해지기 시작했을 때라서 그들에게 도둑이 들었다는 이야기를 했다. 그러자 그 중 한 학생이 나에게 물었다.

"혹시 점쟁이에게 가 보지 않겠어요?"

나는 깜짝 놀랐다. 신학생이, 집에 들어와 물건을 훔쳐 간 도둑이 누구인지를 알아내기 위해 점쟁이에게 가 보지 않겠느냐고 물은 것이다.

기독교 혼합주의란 복음이 왜곡되어 전달되거나 형식만 전달되는 것이다. 이렇게 되면 사람들 속에 있는 가치나 믿음이나 세계관은 변하지 않고 겉모양만 기독교의 모습을 띤다. 교회 다닌다고 말하는 젊은이들 가운데 결혼식은 교회에서 기독교 예식으로 치르지만 결혼 전에 궁합을 보는 것을 당연하게 생각한다면 그것 역시 혼합주의라고 할 수 있다.

혼합주의적인 기도

우리 주변에서 흔히 발생하는 혼합주의는 어마어마한 모양으로 등장하지 않는다. 가장 대표적인 신앙 활동인 기도는 자칫 혼합주의로 빠지기 쉬운 통로가 된다.

예수님이 주기도문에서 가르쳐 주신 것처럼 기도를 통해 하나님의 나라가 임하고 그분의 이름이 거룩히 여김을 받는 것이 중심이 된다면 그 사람은 자기에게 주어진 일용할 음식에 만족하고 다른 사람이 자기에게 잘못한 것을 용서해 주는 아름답고 힘 있는 그리스도인의 삶을 살 수 있을 것이다.

기도를 하지만 그 사람의 세계관이 자본주의 논리로 무장하고 있다면 그에게 가장 확고한 믿음은 돈이면 무엇이든 할 수 있다는 생각일 것이고, 그에게 기도라는 행위는 자신이 원하는 것을 얻기 위해 하나님께 비는 행위에 불과할 것이다. 겉모습은 기독교의 기도 생활이지만 실상은 무속 신앙의 기도와 별다를 것이 없는 혼합주의적 기도인 것이다.

기도는 하나님의 팔을 비틀어 내가 원하는 것을 얻어 내는 행위가 아니다. 오히려 내 뜻이 아닌 하나님의 뜻이 무엇인지 계속 구하는 행위다. 기도를 대하는 태도가 바뀌지 않는다면 기독교라고 말은 하지만 그 기독교는 미신의 굴레를 벗어날 수 없다.

혼합주의 기독교는 생명력 없는 신앙을 낳는다. 신앙 공동체는 고난을 통해서 그 생명력을 검증받게 된다. 어쩌면 사도행전에 나타난 초대 교회의 고난은 그들이 믿는 기독교의 진정성을 점검하기 위해서 필요했던 것이 아닐까.

혼합주의에 대한 오해

최근 이슬람 사역을 하는 사람들 가운데 좀더 과감한 상황화를 시도하는 이들이 있다. 듣기에 따라서는 너무 위험한 발상이거나 혼합주의 기독교가 되는 것은 아닌지 우려할 수도 있다. 예를 들어 이슬람 사회 안에서 행동 양식으로는 무슬림과 거의 차이가 나지 않는 믿는 자들의 공동체를 만들려는 시도가 있다. 아래의 표에서 C6에 해당한다.

	C1	C2	C3	C4	C5	C6
그리스도 중심 공동체의 특성	전통적 교회	전통적 교회	상황화된 공동체	상황화된 공동체	무슬림 공동체에 남아 있는 공동체	비가시적 공동체
	언어와 형식이 모두 지역 무슬림 공동체에게 낯선 문화를 사용	지역 무슬림 공동체에게 낯선 문화를 사용하지만, 언어는 일상 언어를 사용	지역 문화 형식을 사용하지만, 이슬람의 종교적 형식은 배척	지역 문화 형식과 성경적으로 수용할 수 있는 이슬람 형식을 사용	지역 문화 형식과 성경적으로 수용할 수 있고 재해석한 이슬람 형식을 사용	비밀 신자들은 무슬림 공동체의 종교 활동에 적극적일 수도 있고 아닐 수도 있음
신자의 사회·종교적 자아 정체성	그리스도인	그리스도인	그리스도인	그리스도인	이샤를 메시아로 따르는 사람	개인적으로 예수님을 따름
무슬림들의 인식	그리스도인	그리스도인	그리스도인	그리스도인의 한 부류	낯선 무슬림 부류	무슬림

자세히 살펴보자. C1은 이슬람 문화 안에 있지만 매우 서구적인 형태의 교회 모습이다. 반면 C6는 거의 이슬람 신자라고 해도 과언이 아닐 정도로 극단적으로 상황화된 신자들의 공동체다. 이렇게 극단적인 C1과 C6 사이에 상황화의 정도가 다른 여러 가지 신자 공동체를 생각해 볼 수 있다.

여기서 가장 문제가 되는 것은 C4와 C5 사이다. C5부터는 예수 그리스도를 믿는 것이 이슬람에서 기독교로 개종하는 것을 의미하지 않는다. 물론 이 공동체의 구성원은 모두 예수의 제자(혹은 꾸란이 말하는 식으로 이사 알 마시를 따르는 자들)라는 정체성이 분명하다. 하지만 이슬람과 같은 형식의 예배, 아니 더 나아가 심지어는 이슬람 사원에 가서 예배하는 것까지 허용하는 상황화도 고려할 수 있다.

이러한 극단적인 상황화를 두고 찬반양론이 있다. 반대하는 사람들은 이런 형태가 비윤리적이라고 생각한다. 그리스도인이라는 신분을 속이는 것이 아닌가 하고 질문한다. 또 자칫 잘못하면 극단적인 상황화가 혼합주의로 변질될 것을 걱정하기도 한다.

하지만 이러한 상황화를 용인하려는 사람들의 입장도 분명하다. 용인하려는 사람들은 사도행전에서 유대적 배경을 가진 그리스도인들이 헬라인에게 선교한 것을 예로 든다. 유대인들이 헬라인에게 선교할 때 헬라의 틀 안에서 복음을 받아들이도록 한 것은 매우 극단적인 상황화였다고 말할 수 있다. 만약 그 당시에 그렇게 헬라화된 복음이 전해지지 않았다면 교회의 역사는 지금과는 완전히 달라졌을 것이다. 실제로 주후 70년에 예루살렘은 멸망하고 유대인 배경의 기독교 공동체는 급격하게 약화되었다.

보수적인 상황화를 주장하는 사람은 극단적인 상황화를 주장하는 사람들이 도를 넘었다고 이야기한다. 하지만 극단적인 상황화를 주장하는 입장에서는 선교사들이 너무 조심한 나머지 가야 할 만큼 충분히 가지 못하고 있다고 주장한다.

도움이 될 만한 비슷한 상황이 있다. 최근에 예수 그리스도를 믿는 유대인의 존재가 알려지고 있다. 이들을 메시아를 믿는 유대인(Messianic Jews)라고 부르는데, 이들은 유대의 전통을 떠나지 않고 그리스도를 메시아라고 부른다. 그들은 예수 그리스도를 믿었다는 이유로 자신들이 가지고 있는 유대인의 정체성을 버리지 않는다. 또한 그들은 예수님을 따르지만 우리가 사용하는 그리스도인이라는 용어를 자신들에게 사용하지 않는다.

그렇다면 유대인과 매우 비슷한 상황 속에 사는 무슬림 중에 예수 그리스도, 그들의 표현으로는 이사 알 마시를 따르는 사람들을 혼합주의라고 보아야 하는가? 혹시 우리는 유대인과 무슬림에 대해서 편견을 가지고 있기 때문에 그리스도인이라는 정체성이 아닌, 자신이 속한 사회 구성원의 정체성을 유지하며 예수를 믿는 사람을 받아들이지 못하는 것은 아닌가 생각해 볼 필요가 있다.

앞의 도표에서 C5는 C4에 비해서 혼합주의로 변질될 가능성이 높다. 하지만 그런 위험을 감수하고라도 복음이 확산되는 것이 더 바람직하다고 생각하는 선교사들은 오늘도 선교지에서 과감한 상황화를 진행하고 있다. 사역자들은 이슬람 상황화를 하는 동시에 혼합주의로 가지 않도록 더 많은 노력을 기울여야만 한다.

선교사이며 또 선교학자로서 많은 영향을 끼친 랄프 윈터(Ralph D. Winter)는 이슬람 상황화 과정에서 어떻게 혼합주의를 피할 것인가에 대해 다음과 같이 제안하고 있다.

① 예수님의 유일성에 대해 확인한다

무슬림은 예수 그리스도를 여러 선지자 가운데 하나라고 믿는다. 만약 이슬람의 프레임 안에서 예수를 따르는 사람들이 다른 무슬림처럼 예수 그리스도를 여전히 선지자로 믿는다면 그들의 신앙은 혼합주의가 될 가능성이 높다. 예수 그리스도는 단순한 선지자가 아니라 하나님의 아들이라는 사실을 명확하게 해야 한다. 이때 '하나님의 아들'이라는 단어가 무슬림에게는 거부감을 줄 수 있다는 것을 명심해야 한다. 따라서 이 용어를 사용할 때 해당 문화에 대한 충분한 조사를 해서 오해가 없다면 사용하되 그렇지 않다면 신중하게 다른 용어를 선택해야 할 것이다.

② 인질, 토라, 자브르에 대한 공부를 계속 한다

'인질'이란 아랍어로 예수 그리스도의 복음서를 말한다. '토라'는 무사(아랍어로 모세를 일컫는 말)가 전해 준 계명을 중심으로 하는 구약 부분을 말하며, '자브르'는 다웃(아랍어로 다윗을 일컫는 말)이 전해 준 시편을 뜻하는 아랍어다. 무슬림은 토라, 자브르, 인질을 하나님이 주셨다고 믿는다. 다만 이 경전들은 불완전하거나 아니면 사람들에게 전해지는 과정에서 잘못되었기 때문에 하나님이 무함마드를 통해 최종 계시로 꾸란을 보내 주셨다고 믿는다. 따라서 이슬람의 프레임 안에서 예수를 따르는 사람들은 꾸란으로 시작하더라도 결국은 인질, 토라, 자브르를 꾸준히 공부해야 한다.

③ 다른 C5 신자들과 정기적인 만남을 갖는다

이슬람 상황에서 혼자서만 그리스도를 따른다는 것은 쉽지 않은 일이다. 따라서 일반 교회와 같은 형태는 아니라 하더라도 C5의 신자들이 정기적으로 만나 예배하고 교제를 나누는 것은 매우 필요한 일이다. 초대 교회 성도들도 유대교 상황 속에서 날마다 성전이나 집에 모여 기도하고 주님을 예배했던 것을 상상하면 정기적인 모임의 중요성을 이해할 수 있을 것이다.

④ 신비주의나 해로운 민속 이슬람의 관습에서 탈피한다

무슬림 중에는 미신적인 행동을 자연스러운 신앙이라고 생각하는 경우가 많다. 예를 들어 부적을 몸에 지니고 다닌다든지 꾸란의 글귀를 종이에 적어 불로 태운 재를 물에 타 먹으면 효험이 있다고 믿기도 하는데 이런 일은 단호히 거부하도록 도와야 한다.

⑤ 이슬람 신학을 재검토한다

무슬림들이 믿는 꾸란의 이야기들 가운데는 성경이 말하는 것과 다르게 가르치는 내용들이 있다. 하지만 그것은 무슬림이 성경의 내용을 짜깁기했다고 비난하기보다 자신들의 신학 속에서 재구성한 것으로 보아야 한다. 예를 들어 무슬림은 '이둘 아드하'라는 이슬람의 명절에 아브라함이 자기 아들을 하나님께 드린 것을 기념하여 양이나 염소를 잡는다. 문제는 아브라함이 바친 아들이 누구냐 하는 것인데, 성경에서는 하나님이 아브라함에게 이삭을 바치라고 명하셨는데 꾸란은 이스마엘을 바치라고 명하신 것으로 전한다.

그리스도인들은 이슬람이 원래의 이야기를 각색했다고 생각하겠지만 이슬람에서는 신학적 논리를 가지고 성경이 잘못되었다고 확신한다. 이삭을 바치라고 했을 때 아브라함에게는 이미 이스마엘이라는 아들이 있었다. 그러니 나중에 태어난 이삭은 아브라함의 둘째 아들인 셈이다. 이슬람교도의 입장에서 보면 아브라함에게 이미 첫째 아들이 있는데 둘째 아들을 하나님께 바치는 것은 감당하기 어려운 시험이 아니었을 것이다. 그러니 하나님께서는 당연히 이삭이 태어나기 전, 즉 이스마엘만 있을 때 아들을 바치라고 명하셨을 것이라는 논리다.

따라서 적절한 시점이 되면 C5 신자들에게 꾸란과 인질(복음서), 자브르(시편), 토라(율법서)를 함께 공부하면서 이슬람의 신학이 어떤 문제를 가지고 있는지 가르쳐야 한다.

교회나 신자 공동체가 토착적 형태를 띠는 경우에도, 초대 교회부터 계속 내려온 두 가지 요소만은 결코 양보할 수 없다고 생각한다. 하나는 세례고 또 하나는 성찬이다.

예수 그리스도도 세례 요한에게 세례를 받으셨고, 초대 교회 때부터 그리스도를 주로 시인하는 사람들은 세례를 행했다. 따라서 어떤 형태의 역동적 등가 교회도 세례를 생략해서는 안 될 것이다. 사도행전 8장에서 빌립이 에티오피아의 내시에게 세례를 베푼 이야기와, 사도행전 10장에서 베드로가 고넬료에게 세례를 베푼 이야기 등은 이방인이 그리스도를 믿었다는 증거로 세례를 주었음을 우리에게 분명히 알려 준다.

성찬 역시 사도 바울을 포함하여 초대 교회의 전통이었으며, 복음서는 주님께서 직접 성찬을 제정하여 제자들에게 기념하라고 명령하셨음을 전하고 있다. 세례와 성찬, 이 두 가지를 고수함으로써, 문화적으로 상황화된 공동체와 세계적 교회 공동체 사이에 최소한의 동질성을 유지할 수 있을 것이다.

상황화된 교회들이 세계적 교회와의 동질성을 위해서 세례와 성찬을 함께 지키는 것은 사도행전 15장에서 예루살렘 교회가 그리스도를 믿는 이방인에게 다른 모든 짐을 지우지 않기로 했지만 매주 안식일에 모세의 율법을 듣는 유대인 형제들을 위해서 네 가지를 지켜 달라고 요구한 정신과 같은 것이다.

토착화의 노력들

선교사가 기독교가 전혀 전해지지 않은 지역에 가서 복음을 전할 때 예수를 따르는 사람들에게 어떤 정체성을 심어 줄 것인가 하는 것은 문화와 선교에서 중요한 이슈다. 낯선 복음이 전해진다면 그 복음의 확산은 더디게 일어날 수밖에 없다. 만약 불교가 유일한 종교 체계인 지역에서 선교사가 서구식 기독교를 전한다면 사람들은 복음을 초문화적 진리로 받아들이는 것이 아니라 서양과 관계 있는 어떤 것이라고 생각할 것이다. 현지인들이 복음을 낯설게 느끼지 않도록 하기 위해서는 복음을 토착화하는 노력이 필요하다.

이용규 선교사가 소개한 도풍사에 대한 글을 중심으로 불교권에서 일어난 독특한 선교의 모습을 소개하고 싶다.

도풍사 이야기

칼 라이헬트(Karl Reichelt)는 노르웨이 출신의 루터교 선교사로, 1904년 중국 하남 성에 파견되었다. 칼 라이헬트는 당시 복음의 사각지대로 여겨졌던 불교도들에게 어떻게 복음을 전할 것인가를 고민했다. 그는 기독교를 전파하기 전에 먼저 중국의 복음화에 가장 중요한 영향을 주는 불교를 이해하려고 노력했다. 그는 불교의 프레임 안에서 복음을 전할 방법을 모색하다가 불교 승려의 복장을 하고 그들 속에 들어가서 그들의 경전을 배우고 또 성경에 대해서 가르치기도 했다.

당시 서양 선교사들은 대부분 중국인과 떨어진 선교사 주거 지역에서 살면서 정해진 시간에만 중국인들과 만나 사역을 했는데, 칼 라이헬트는 불교의 승려들과 함께 지내며 그들의 경전을 배웠다. 그의 이런 모습은 중국인뿐 아니라 동료 선교사들의 눈에도 이상하게 보였다. 하지만 시간이 지나자 칼 라이헬트의 사역에 열매가 맺히기 시작했다. 진리에 관심을 갖고 있던 한 젊은 승려가 복음을 받아들인 것이다. 라이헬트 선교사는 그 젊은 승려에게 그리스도인이라는 정체성을 갖게 하는 대신 절을 떠나지 말고 오히려 불교 안에서 다른 승려들에게 복음을 전할 것을 권했다. 이렇게 하여 여러 명의 승려가 성경을 공부하게 되었고, 칼 라이헬트가 사역을 시작한 지 십 년 안에 그에게 세례를 받은 승려의 수가 수십 명에 이르렀다고 한다.

칼 라이헬트의 사역이 순조로웠던 것은 아니다. 그는 자국의 선교회로부터 진정한 기독교를 전하지 않는다는 오해를 받고 선교부를 떠나야 했다. 그를 파송한 선교부조차 그의 사역을 기이하게 생각했던 것이다. 하지만 그의 노력은 헛되지 않았다. 중국에서 불교도들과 사역한 지 30년이 지나자 많은 수의 승려가 개종하고 세례를 받는 결실을 맺었다.

칼 라이헬트는 기독교의 프레임을 가지고 승려들에게 간 것이 아니라 기독교의 진리를 불교의 세계관으로 설명해 내는 데 성공했다. 그는 기독교가 불교도들이 믿는 진리를 파괴하는 것이 아니라 그들이 믿는 진리를 온전하게 완성해 줄 수 있는 길이라고 설명해 냈다.

그는 계속해서 직접 불교도를 찾아다니며 그리스도의 도를 전했다. 그리고 그리스도에 관심이 있는 사람들을 초대해서 불교도가 이해할 수 있는 방법으로 복음을 제시했다. 그 결과 불교 승려 1,200여 명이 개종하는 열매를 맺었다.

후에 그는 홍콩으로 사역지를 옮겨 도풍산을 중심으로 사역했다. 라이헬트의 사역을 이해한 독일의 건축학자가 불교 건축 양식을 살린 사당 같은 신학교 건물을 지어 주었다. 이 도풍사가 자리한 언덕에는 큰 십자가가 서 있는데 그 받침대는 연꽃으로 되어 있다.

도풍사는 서구식의 교회와는 완전히 다른 외관을 갖고 있다. 예배당은 불교 사원에서 흔히 볼 수 있는 대웅전과 같은 모습이다. 도풍사 안에 있는 종(鐘) 역시 불교 사원에서 볼 수 있는 종의 모양을 하고 있다. 하지만 그 종에는 십자가가 새겨져 있다.

중국에 들어온 서구 선교사들은 모두 자신의 문화에 대한 우월감을 가지고 중국 사람들을 대하고 교회의 건물과 운영을 포함해서 모든 부분에서 자기 방식을 현지인에게 주입하려고 했지만, 라이헬트는 당시 선교사들의 관심 밖이었던 불교 승려들을 찾아가서 그들과 같이 살며 그들이 귀하게 여기는 진리에 대해서 먼저 배우고 이해하려고 했다. 그는 3부에서 이야기할 선교사의 역할 가운데 배우려는 자의 모습을 철저히 유지했다. 그 결과 수많은 불교 승려를 그리스도께 인도할 수 있었다.

라이헬트의 사역은 혼합주의라는 오해를 받기도 하고 자유주의자라는 오해도 받았지만 최근에 브라이언 스탠리(Brian Stanley) 같은 학자들은 칼 라이헬트야말로 위험을 감수하고 진정한 선교를 수행한 참된 선교사로 극찬하고 있다.

유교 안의 상황화

유교 문화 안에서 어떻게 복음을 전할 것인가에 대해서는 생각만큼 많은 연구가 이루어지지 않았다. 하지만 최근 선교사들 사이에서 조선 중기 후반에 살았던 이벽이라는 인물이 관심을 받고 있는데, 특히 이성배 신부의 연구를 통해 많은 내용이 알려졌다.

이벽은 조선 후기의 유학자였다. 그는 18세기 후반에 정약전, 정약용 형제와 천진암에 모여 토론하면서 학문 연구를 계속하였고, 녹암계 회원들의 강학(학문을 연구하는 모임)에서 서학에 관한 책을 제시하고 천주교 교리를 강론하기도 했다. 우리나라 최초의 천주교 신자로 알려져 있는 이벽은 관련 서적을 통해 서학과 천주교를 자생적으로 익혀 온 것으로 추측된다.

몇 년이 지나지 않아 이벽의 주도로 모인 신자들은 집회 도중에 형조의 금리들에게 적발되어 모두 체포되었다. 적발된 신자들 중 일부는 귀양을 가고 이벽은 배교를 강요당했다. 이벽의 부친 이부만은 동료들과의 접촉을 철저하게 막기 위해 이벽을 집에 연금시켰으나 이벽이 여전히 그리스도 안에서 믿음을 고집하자 아들 앞에서 자결을 하려고 했다. 이에 충격을 받은 이벽은 아버지 앞에 무릎을 꿇고 "아버지의 뜻을 어찌 저버리겠나이까!"라고 했다고 전해진다. 이것을 후대 사람들은 친부(親父)의 뜻에 굴복하여 배교했다고 하기도 하고 어떤 이들은 천부(天父)의 뜻을 저버린 것이 아니니 배교가 아니라고 해석하기도 한다. 이벽은 32세의 젊은 나이로 사망하였다.

이벽은 유교의 기본 개념인 천(天), 인(仁), 성(誠)을 통해서 천주교의 진리를 표현하려고 노력했다. 여기서 천이란 공자 이전 중국에서 모든 것의 기원으로 하늘을 섬긴 것을 나타낸다. 인은 하늘의 뜻을 받드는 사람으로서 이벽은 그리스도를 통해서 하늘의 뜻이 이루어진 것을 발견했다. 성이란 유교에서 천과 인의 원리를 삶에서 살아 내는 것으로, 강생한 말씀처럼 되는 것을 말한다.

이벽은 무엇보다 성을 강조했고 성의 개념이 그리스도를 따르는 신앙 안에 완성되었다고 보았다. 그는 유교를 천의 개념과 인의 개념이 성이라는 데서 완성되는 것으로 보았으나 주희의 성리학이 지나치게 이론적이고 관념적인 나머지 일반 사람들에게서 멀어졌으며 결국 유교가 지향하는 바를 이루지 못했다고 생각했다. 그러나 서학을 공부하면서 그리스도를 따르는 것이 바로 성의 완성이라고 생각하게 되었다.

서양의 천주교를 직접 접한 적이 없는 이벽은 이미 알고 있던 유교의 틀 안에서 기독교를 이해하려고 노력했다. 그의 노력은 다른 유교 문화권에서 어떻게 복음을 설명할 것인지에 대해 좋은 통찰을 제시해 준다.

메시지의 본질 찾기

혼합주의를 방지하기 위해서는 무엇보다 성경을 제대로 읽고 가르쳐야 한다. 만약 성경을 제대로 읽지 못한다면 성경 본문의 메시지를 정확하게 파악할 수 없을 것이다. 그리고 메시지를 찾았다면 그 원리를 현지의 상황에 맞게 다시 코팅하는 작업을 거쳐야 한다.

예를 들어 요한복음 13장에서 예수님이 제자들의 발을 씻기신 장면을 생각해 보자. 2,000년 전 팔레스타인 지역에서 남의 발을 씻긴다는 것은 일상에서 흔히 있는 일이었다. 당시의 길은 먼지투성이였고 사람들은 끈으로 매는 샌들을 맨발에 신고 다녔다. 그러니 하루 종일 거리를 걸어 다니고 나면 발은 때와 먼지로 범벅이 되어 있었을 것이다.

지금 나이가 오십 이상이 된 분들은 어린 시절을 떠올려 보면 이 상황을 더 잘 이해할 수 있다. 필자가 어릴 때만 해도 아이들은 대부분 고무신을 신고 다녔다. 하루 종일 고무신을 신고 돌아다니면 발에서 나는 땀과 먼지가 하나가 되어 도무지 봐주기 어려울 만큼 더러워진다. 종일토록 동네에서 놀다 집에 들어오면 반드시 하는 일이 있었으니, 그것은 마당 한 구석에 있는 우물이나 수돗가에서 발을 깨끗이 씻고 고무신을 닦아서 댓돌 위에 거꾸로 엎어 놓고 수건으로 발을 닦아 물기를 없애는 절차로, 이 절차를 모두 마친 다음에야 방에 들어올 수 있었다.

유대인의 식사는 의자에 앉아 식탁에 놓인 음식을 먹는 것이 아니라, 평상 위에서 몸을 한쪽으로 비스듬히 기대고 앉아 음식을 먹는 형태였다. 평상에 올라가기 위해서는 샌들을 벗어야 하는데 그러면 땀과 먼지로 범벅인 발이 나오게 된다. 그 발을 씻지 않고서 상 위로 올라가는 것은 예의 바르지 못한 일이다. 팔레스타인은 수도나 우물이 흔하지 않았다. 그래서 평상에 올라가기 전 누군가 물을 대야에 떠 가지고 와서 발을 씻겨 주고 수건으로 닦아 주어야 했다.

더러운 남의 발을 닦아 주는 일은 지금 생각해도 그렇지만 당시에도 매우 천한 일이라 하인들의 몫이었고 만약 하인이 없으면 가장 아랫사람이 하는 일이었다. 예수님의 제자들은 그들 중에 누가 더 크냐에 관심이 많았다. 그래서 예수님은 식사 자리에서 발을 씻는 역할을 자처하심으로써 제자들에게 가르침을 주신 것이지 당시 사람들이 평소에 하지 않던 일을 새로운 이벤트로 연출하신 것이 아니다.

여기서 예수님이 전하려고 하는 메시지는 발을 씻기는 행위가 아니라 지위가 높은 사람이 겸손하게 섬기라는 것이다. 성경의 원래 의미가 어떤 것인지를 깊이 생각해야 하는 교회에서 세족식을 하나의 이벤트처럼 행하는 것을 보면 마음이 씁쓸해진다. 오히려 지금 우리의 현실에 적용해 본다면 교회에서 세족식을 하는 것보다도 교회의 높은 지위에 있는 분들이 교회 식당의 음식물 쓰레기를 버리거나 화장실 청소를 하는 것이 예수님의 의도에 훨씬 더 어울리는 실천이 아닐까?

세족식이 어느 문화에서나 동일한 메시지를 전달하지 못한다는 것을 잘 보여 주는 사례로, 웃지 못할 일이 벌어진 적 있다. 몇 년 전에 베트남에서 코스타 집회가 열렸는데, 집회 주제가 "섬기는 리더"였다. 준비위원회에서는 주제를 부각시키기 위해서 단상 앞에 주제 글과 함께 커다란 포스터를 붙였다. 포스터에는 누군가 무릎을 꿇고 앉아 대야 안에 담긴 다른 사람의 발을 씻기는 모습이 그려져 있었다. 집회에 참석한 사람들은 그 포스터를 보는 순간 요한복음 13장에서 예수님이 제자들의 발을 씻기신 사건을 연상하고 주제와의 연관성을 이해했을 것이다. 하지만 성경 이야기를 잘 모르는 베트남 사람들에게는 그 그림이 다른 의미로 다가왔다.

집회가 열리는 강당 근처에는 청소를 하는 베트남 사람들이 있었다. 한국말로 진행되는 집회에서 어떤 이야기가 오고 가는지 전혀 모르는 베트남 사람들로서는 누군가 발을 만지는 그림의 포스터를 붙여 놓고 있는 이 사람들이 어떤 이야기를 할까 궁금했던 모양이다. 드디어 삼 일째 되는 날 몇 사람이 나타나서 베트남어를 잘하는 한국 선교사에게 따져 물었다고 한다.

"왜 한국 대학생들을 모아서 발 마사지를 가르칩니까? 그 일은 우리 베트남 사람들이 하게 두어야 하는 것 아닙니까?"

유진 나이다의 메시지

선교사가 성경의 메시지가 담고 있는 본질을 타문화에서 정확하게 전달하려면 어떻게 해야 할까? 성경 번역 작업에 지대한 공헌을 한 언어학자 유진 나이다(Eugene Nida)가 제시한 다이어그램을 보자.

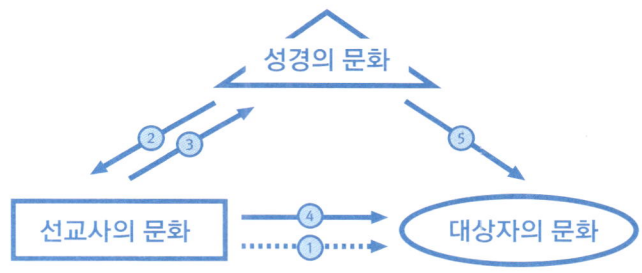

각각의 화살표가 의미하는 바는 다음과 같다.

① 먼저 선교사의 문화 코드로 포장된 메시지를 대상자의 문화로 가져가지만 마치 사각형을 원에 넣는 것처럼 쉽지 않음을 발견하게 된다.

② 선교사는 자신이 알고 있는 복음이 자신의 문화로 전해지는 과정에서 이미 선교사의 문화로 코드화되었다는 사실을 인식해야 한다.

③ 따라서 성경으로 다시 돌아가 원래의 의미가 무엇인지를 확인하는 작업이 필요하다.

④ 그리고 나서 선교사 문화의 옷을 벗긴 성경의 진리를 다시 대상자의 문화의 코드로 옷 입히는 작업을 해야 하는 것이다.

⑤ 그렇게 되면 마치 하나님의 말씀이 선교사의 문화로 변하지 않고 직접 현지인의 문화로 코팅되어 전달되는 것 같은 결과를 낳을 것이다.

8장

문화 변혁

선교의 목표

 선교의 목표(goal)는 무엇인가? 그것은 단순히 선교사가 현지의 문화를 잘 이해하고 그 문화를 따라하고 복음을 현지 문화의 옷으로 갈아입혀 전달하는 데서 그치지 않는다. 선교의 목표는 현지 사람들에게 전달된 복음으로 인해 그들의 문화 안에 문화 변혁이 일어나는 것이다.

 문화는 다 다르지만 그렇다고 해서 모든 문화가 상대적인 가치를 지닌 것은 아니다. 문화 안에는 하나님께서 기뻐하시는 요소도 있지만 하나님이 기뻐하지 않으시는 요소도 분명히 있다.

 선교사들이 조선 땅에 처음 도착했을 때, 조선에는 여성의 인권이라는 것이 없었다. 하지만 조선 여성들은 그런 상황을 어쩔 수 없는 것으로 받아들이며 살고 있었다. 선교사들은 하나님 앞에서 여성이 남성보다 못한 존재가 아님을 알려 주었다. 그리고 예수를 믿은 사람들 사이에서부터 조선 여성들은 이전 시대의 조선 여성과는 다른 차원의 삶을 살기 시작했다.

문제는 자기 문화 속에서 사는 사람들은 마치 우리가 공기를 의식하지 않고도 숨을 쉬며 살아가는 것처럼, 자신의 문화에 대해 의식하지 못한 채 살아간다는 점이다. 따라서 자신의 문화에 어떤 변화가 필요한지에 대해서도 예리하게 진단하기가 어려울 수 있다. 문화의 변혁에 관해서는 사도 바울이 로마 성도들에게 한 권면을 잘 이해할 필요가 있다.

"변화를 받아"

사도 바울은 로마서 12장 2절에서 이렇게 권면한다. "너희는 이 세대를 본받지 말고 …… 변화를 받아……." NIV 영어 성경은 '변화를 받아'라는 부분을 "be transformed"라고 번역했다.

사도 바울은 로마서의 시작 부분에서 당시 로마에서 성행하던 성 문화를 강하게 질타했다. 시오노 나나미의 책 《로마인 이야기》는 당시의 성 문화에 대해 잘 알려 주는데, 동성애는 아무런 문제가 되지 않는 보편적인 문화였다. 심지어 우리가 잘 알고 있는 율리우스 시저도 젊은 시절에 동성애를 했다고 전한다. 교회가 이런 사회에서 영향을 받은 것은 당연하다. 하지만 사도 바울은 공개적으로 로마의 성 문화가 잘못되었다고 분명히 밝힌 것이다.

로마서 12장 2절의 '변화를 받으라'(be transformed)라는 말에서 변화에 해당하는 영어 단어 'trasformation'를 우리는 흔히 '변혁'이라고 번역하는데, 원래는 생물학에서 사용하는 용어다. 알이 부화해서 애벌레가 되

고, 애벌레가 자라서 누에고치가 되고, 그 누에고치에서 나방이 나오는 각 단계를 '변태'(transformation)라고 부른다. 형태가 완전히 변하지만 한 생명의 주기 안에서 일어나는 변화를 뜻한다. 예수를 믿은 사람들의 변화도 매우 현저해서 마치 생물학적으로 변태가 일어나는 것 같다.

사도 바울이 문화 안에서 기대한 것이 이런 것이었다. 성적으로 개방적인 로마의 문화 안에서 교회는 현저히 다른 모습을 보여 주어야 했다. 사도 바울은 고린도 교회에 보낸 편지에서도 교회 안의 무질서한 성적 혼란에 대해 격분하고 있는데, 당시 고린도는 그리스에서 성적으로 가장 타락한 지역이었다.

한 문화 안에서 이미 익숙해진 문화적 패턴에 변화를 가져오는 일은 쉬운 일이 아니다. 특히 외부인인 선교사가 변화를 이끌어내기란 매우 힘든 일이다. 변화가 일어나기 위해서는 내부적인 강력한 동기가 있어야 한다. 변화를 가져오려다 실패하는 가장 대표적인 경우는 현지인들이 선교사를 기쁘게 하려는 동기에서 어떤 변화를 시도할 때다.

한 예로, 옷이 필요 없다고 생각하는 부족에게 선교사가 부끄러운 부분을 가리거나 기온이 갑자기 하강할 경우를 대비해서 옷을 입으라고 한다면 부족민들은 선교사가 나누어 준 옷을 집에 보관하고 있다가 선교사를 만날 때만 입었다고 한다. 그 사회에서 자신만은 독특한 옷을 가지고 있다는 것을 과시하기 위해 어울리지도 않는 옷을 입고 다니기도 했다. 부족민들이 문화적으로 옷 입는 것을 받아들이기 위해서는 부족민 스스로 옷을 입어야 할 동기를 발견해야만 한다. 하지만 변화의 동기를 발견하기란 결코 쉽지 않다.

변혁을 위한 선교사의 역할

문화 안에서 변화를 일으키기 위한 가장 강력한 동기는 하나님의 말씀 속에 나타나 있다. 하나님의 말씀이 들어가면 사람들 속에서 갈등과 투쟁이 일어난다. 별다른 죄의식 없이 거짓말을 하던 사람이 하나님의 말씀과 대면하면 거짓말하는 것에 갈등이 생긴다. 이러한 갈등은 여러 영역에서 일어난다. 그리스도와 관련된 새로운 사실들을 알게 될 때 지식적인 면에서 갈등을 경험하게 된다. 복음을 받아들이면 인생의 주인이 바뀌는 것을 경험하면서 삶에서 다양한 갈등이 일어난다. 변혁의 과정에서는 영적으로도 깊은 투쟁이 일어난다. 아직도 많은 선교지에는 무속 종교를 믿으며 영적인 굴레에 갇혀 사는 사람들이 많은데 이들이 그리스도를 따르게 되면 자신의 영적인 굴레를 벗어나기 위한 투쟁이 반드시 필요하다.

이러한 다양한 영역의 투쟁은 예수님도 이 세상에 계실 때 하신 일이다. 주님은 지식적인 변혁을 위해 제자들에게 말씀을 가르쳐 주셨다. 삶에서는 제자들이 자기를 부인하고 하나님 나라를 구하는 삶을 살도록 가르치셨다. 귀신 들린 사람을 만나 그 속에 있는 귀신을 쫓아내는 영적인 투쟁도 하셨다. 예수님이 하신 이러한 일들은 오늘날 선교지에서도 선교사의 사역을 통해 동일하게 일어나야 한다.

많은 선교지에서 현지인들이 시간을 지키지 않는 것 때문에 선교사가 어려움을 겪는다. 내가 섬기던 인도네시아도 예외가 아니어서, 현지인들이 약속 시간에 늦게 나타나는 것 때문에 속상한 적이 많았다.

인도네시아 사람들은 모임 시간에 늦는 것에 무척 관대했다. 시계가 없이 살던 사람들에게 시간을 지켜야 한다는 동기를 부여하기란 쉬운 일이 아니다. 인도네시아 사람들의 전통적인 시간 개념은 해가 뜨는 아침(인도네시아 말로 빠기[Pagi]라고 부른다), 해가 뜨거운 한낮(씨앙[Siang]), 해가 서쪽으로 기울기 시작해서 한낮의 열기가 식어 가는 오후(쏘레[Sore]), 해가 지고 깜깜한 밤(말람[malam])으로 나누어져 있었다. 그러니 인도네시아 사람에게 20분 늦었다고 타박하는 것은 오히려 이상한 일이다. 이웃사람에게 차 한 잔 하며 한담이나 나누자고 약속하면서 오후 4시에 만나자고 하면 오히려 어색하다. 그저 '쏘레에 만나자'고 하면 해가 서쪽으로 기울어 뜨거운 태양의 열기가 식어 가고 황혼이 시작하기 전 적절한 때에 만나면 되는 것이다. 하지만 인도네시아 사람들도 동기가 부여되면 변화를 받아들인다. 예를 들어 인도네시아 사람들은 예배에는 늦어도 비행기 타는 시간은 잘 지킨다.

시간 개념에 대해서는 인도네시아 대학생들도 다를 바 없었다. 수업에 지각을 하면 불이익을 받기 때문에 수업에는 늦지 않고 들어온다. 하지만 일상적인 생활에서는 여전히 이전의 문화 형태를 고집하고 있었다.

인도네시아 대학생들의 모임인 죠이도 시간을 지키는 문제 때문에 어려움이 많았다. 하지만 몇 가지 사건을 통해서 점차 시간을 지키는 일에 변화를 경험했다.

보상을 통한 점진적인 변화

선교사가 현지 문화에 변화를 가져오려면 무엇보다 인내해야 한다. 급진적인 변화는 때때로 문화의 겉껍질, 즉 행동 양식만 바꾸는 데 그치고 만다. 그럴 경우 선교사가 떠나면 사람들은 다시 예전의 습관으로 돌아간다. 행동 양식 아래에 있는 가치와 믿음에 변화가 일어나야만 한다. 급진적인 변화보다는 점진적인 변화를 의도하는 것이 바람직하며 적절한 보상이 있다면 훨씬 효과적일 수 있다.

빵과 콜라

죠이 모임이 성장하면서 시간을 지키지 않는 습관이 큰 문제로 부각되었다. 모임이 작을 때에는 모임 장소의 열쇠를 가지고 있는 총무가 20-30분 늦는다 해도 큰 문제가 되지 않았다. 다른 사람들이 그 정도는 참고 기다리면 되기 때문이다. 하지만 모임에 참석하는 사람이 50-60명으로 늘어나자 문제가 달라졌다. 모임 전에 미리 청소도 하고 필요한 설비를 갖추어야 제대로 모임을 할 수 있는데 총무가 늦게 오면 모임을 준비할 시간이 모자랐다. 이렇게 문제가 심각해져도 인도네시아 학생들은 시간을 지키는 면에서 달라지지 않았다. 심지어 예수님을 믿어도 그 문제에 대해서는 아무런 변화도 없었다. 임원회 때 오후 모임이 시작하기 두 시간 전에 와서 미리 준비하자고 이미 여러 번 이야기해 보았지만 임원들은 거의 그 시간에 오지 않았다.

그러던 중 하나님이 지혜를 주셨다. 나는 임원회 때 앞으로는 빵과 콜라를 사다 놓을 테니 모임 시작 두 시간 전에 오라고 이야기했다. 효과는 만점이었다. 열 명 정도 되는 임원이 매번 5시 정각이면 모임 장소에 나타났다. 빵과 콜라를 먹은 후에 우리는 신나게 교실 청소를 했다. 죠이 모임은 정시에 시작하고 정시에 마치는 것으로 인도네시아 학생들 사이에서 소문이 나기 시작했다. 변화를 주기 위해서는 종종 당근이 필요하다는 것을 절실히 느낀 순간이었다.

호텔 매니저의 특강

이렇게 인도네시아 죠이에서 시간을 정확하게 지키는 것이 정착되어 가면서 기대하지 않았던 이득이 생겼다. 족자 시내에 이비스라는 호텔이 있는데 우연한 기회에 그 호텔의 매니저로 일하는 프란스라는 네덜란드 사람을 알게 되었다. 그와 대화를 나누는 중에 호텔에서 일하는 인도네시아 사람들을 어떻게 훈련하는지를 들었다. 프란스가 호텔 직원들을 훈련시키는 이야기를 죠이 학생들이 듣는다면 도움이 많이 될 것이라는 생각이 들어 그 매니저를 죠이에 초청하기로 했다. 프란스의 강의를 들으면 죠이 학생들이 새로 온 친구들에게 따뜻하게 대할 수 있으리라는 기대 때문이었다. 하지만 결과는 예상치 않은 곳에서 나타났다.

프란스가 특강을 하기 위해 모임에 왔을 때 죠이 학생들은 한 명도 빠짐없이 강의실에 들어와 있었다. 약속한 시각이 되자 일 분도 지체하지 않고 강의가 시작되었다. 강의가 진행되는 동안 한 명도 자리를 뜨거나 옆 사람과 쑥덕거리는 사람이 없었다. 게다가 프란스가 영어로 강의를 하는데 학생들은 그의 영어를 거의 다 알아들었다. 그가 농담을 하면 모두 웃었고 그가 심각한 이야기를 하면 모두 심각하게 들었다.

강의가 끝나고 돌아가면서 프란스는 나에게 이렇게 말했다.

"미스터 손, 인도네시아에 있는 동안 이런 모임은 정말이지 처음입니다. 만약 죠이 출신이 일자리를 찾는다면 나에게 이야기해 주세요. 얼마든지 우리 호텔 직원으로 받아들이겠습니다."

그의 말은 진심이었다. 내가 그동안 만난 네덜란드 사람들은 모두 그냥 인사치레로 말하는 법이 없었다. 그는 처음에 인도네시아 대학생들에게 무언가 교훈을 주려고 왔지만 자기가 더 많은 것을 얻고 간다고 말했다. 프란스의 말을 학생들에게 전해 주었을 때 학생들에게 얼마나 큰 격려가 되었는지 모른다. 중요한 것은 선교사가 그곳을 떠난 다음에도 현지인들 사이에 변혁이 유지되는가 하는 점인데, 인도네시아 죠이에서는 변혁이 계속 유지되고 있었다.

5시면 6시?

2003년 인도네시아 죠이는 11주년 행사를 준비하고 있었다. 필자는

2001년에 사역을 정리하고 인도네시아를 떠난 상태였다. 인도네시아 죠이 간사들은 11주년 기념 행사의 스폰서를 구하기 위해 족자에서 개국한 지 얼마 안 된 기독교 방송국을 방문했다. 기독교 방송국은 스폰서가 되는 것보다 마침 자신들도 개국 1주년 기념 행사를 하고 싶으니 함께 행사를 하자고 제안했다.

죠이와 기독교 방송국의 합동 준비위원들이 만나 일정과 행사 내용을 의논하고 합의문을 만드는 작업까지는 순조롭게 이루어졌다. 모임 장소로는 족자에서 가장 큰 실내 체육관을 빌리기로 했다. 1,000명이 넘는 인원을 수용할 수 있는 큰 홀이었다. 행사는 6시에 시작하기로 결정했다. 대부분의 행사 준비는 죠이가 맡고 행사 홍보를 위한 포스터는 기독교 방송국 측이 맡기로 했다.

며칠 뒤 포스터 시안을 검토하던 죠이의 준비위원들은 깜짝 놀랐다. 합의된 시각은 분명히 오후 6시인데 포스터에는 5시로 적혀 있었기 때문이다. 죠이 준비위원들은 포스터에 적힌 시각을 6시로 고쳐야 한다고 주장했다. 하지만 기독교 방송국 측에서는 난색을 표현했다. 방송국 측은 인도네시아 사람들 중에 모임 시각이 6시라면 누가 6시에 오겠느냐, 대부분이 7시에 올 것이다. 그러니 만약 행사를 6시에 시작하고 싶다면 5시라고 적어야 한다고 설명했다.

하지만 죠이 준비위원들은 방송국 측에 죠이에서는 그렇게 해 본 적이 없다고 잘라 말했다. 죠이에서는 6시에 한다고 알리면 반드시 6시에 시작하고 5시에 한다고 알리면 반드시 5시에 시작한다고 설명했다. 방송국 사람들은 매우 난감해했다. 결국 양측이 한 발씩 물러나서 포스터에 시작 시각을 5시 반으로 적기로 했다.

하지만 죠이로서는 여전히 문제였다. 포스터에 5시 반이라고 써 있다면 당연히 5시 반에 프로그램이 시작한다고 믿고 오는 사람들이 있을 것이기 때문이다. 그래서 6시부터의 프로그램은 죠이가 다 맡아서 준비하고 5시 반부터 6시까지의 프로그램은 방송국이 준비하기로 결론을 내렸다.

선교사가 현지 사람들에게 복음을 전하고 교회를 개척하는 일은 매우 중요한 일이다. 하지만 그보다 더 중요한 것은 복음을 받아들인 사람들의 삶 속에서 가치와 세계관이 변화하는 것을 경험하도록 돕는 일이다. 선교사가 복음을 전하되 여기까지 돌보지 않는다면 현지 사람들은 복음을 받아들이고도 겉으로만 그리스도인처럼 보일 뿐 결국은 예수를 믿기 전과 동일하게 행동할 것이다. 선교지에서 변화는 하루아침에 이루어지지 않는다. 우리가 생각하는 것보다 더 많은 시간이 걸릴 수도 있다.

일반적으로 현지인의 삶에서 변화가 일어나는 것은 변화에 대한 강한 동기가 있기 때문이다. 많은 변화를 경험한 현지인들의 고백을 들어 보면, 그들이 다른 문화를 접하면서 자신이 머물고 있는 문화가 유일한 해결책이 아니라고 깨닫는 순간이 있었다고 한다. 외부에서 온 선교사들을 통해서 자신에게 익숙하지 않은 다른 룰 속에 해결책이 있다는 것을 발견하게 된다는 것이다. 그러기 위해서는 자신들이 접한 새로운 해결책에 들어 있는 새로운 가치를 인식하고 받아들이는 스스로의 결단이 필요하다. 이것이 없이는 변화가 겉으로만 잠깐 일어났다가 언젠가 예전 습관으로 돌아가 버리고 만다.

우리는 선교지에서 선교사가 몇 명에게 세례를 주었는지, 몇 개 교회를 개척했는지, 교회 건축을 얼마나 했는지에 관심을 갖기 쉽다. 하지만 이보다 중요한 것은 현지인에게 복음이 들어감으로 말미암아 새롭게 예수를 믿은 사람들 속에서 문화 변혁이 일어났는가다.

현지 문화 속에서 변혁이 일어나기를 기대한다면 다음과 같은 과정을 거치는 것이 필요하다. 먼저 선교사는 현지의 윤리적 체계에 대해 부지런히 연구해야 한다. 그리고 선교사 자신이 속한 공동체의 윤리와 비교해 보아야 한다. 만약 자신의 양심을 거스르지 않는다면 선교사가 현지 윤리를 따라 살아 보는 것도 필요하다.

그러나 무엇보다 중요한 것은 성령의 격려로 신자들이 자신의 죄를 깨닫는 것이다. 외부인인 선교사가 지적하는 것에 대해서는 반발할 수도 있다. 하지만 우리가 성령이 역사하시도록 바라며 기다린다면 현지인들은 자신들의 잘못이 무엇인지 깨닫고 그것을 스스로 버리게 될 것이다. 동시에 새로운 신자들이 성령에 순종하고 의지하도록 가르쳐야 한다.

선교지에서 우리의 목표는 현지인 한 사람 안에서 시작된 세계관의 변화가 그가 속한 공동체를 바꾸어 진정한 변혁이 이루어지도록 돕는 것이다.

세례 받은 똥꼴

인도네시아의 무하마드라는 무슬림 형제가 주님을 영접했다. 그에게 복음을 전한 미국 선교사는 몇 개월 동안 무하마드와 성경 공부를 한

후 그에게 세례를 주고 싶었다. 문제는 세례를 줄 때 "내가 예수를 믿는 무하마드에게 성부와 성자와 성령의 이름으로 세례를 주노라"라고 말해야 하는데 무하마드의 이름이 여전히 이슬람 신자라는 느낌을 주는 것이 마음에 걸렸다. 그래서 미국에서 세례를 줄 때 새롭게 세례명을 주는 것처럼 무하마드에게 '리처드'라는 미국식 이름을 지어 주었다. 세례를 받고 난 후에 무하마드의 이름은 리처드로 바뀌었다.

예수를 믿었다는 이유로 집에서 쫓겨난 리처드는 미국 선교사의 집에 머물면서 집안일도 돕고 성경도 배우며 함께 지냈다. 리처드는 똥꼴이라는 생선을 무척 좋아했다. 똥꼴은 우리식으로 하면 작은 고등어 같은 생선인데, 맛은 좋지만 튀길 때 비린내가 심하게 났다. 리처드가 딱 한 번 집에서 똥꼴을 구워 먹었는데 미국 선교사는 그 비린내를 도저히 참을 수가 없었다. 그래서 미국 선교사는 리처드에게 절대로 집에서 똥꼴을 튀겨 먹지 말라고 부탁했다. 그렇게 하겠다고 약속을 했지만 리처드는 어릴 때부터 먹었던 똥꼴을 먹고 싶어 죽을 지경이었다. 그러던 어느 날 하나님께서 피할 길을 주셨다.

미국 선교사가 사역을 위해 깔리만딴이라는 섬에서 한 달을 보내고 오겠다며 집을 떠났다. 리처드는 이것이 똥꼴을 구워 먹을 수 있는 절호의 기회라고 생각했다. 그동안 똥꼴을 먹고 싶어 죽을 것 같았던 리처드는 미국 선교사가 없는 동안 매일 똥꼴을 구워 맛있게 먹었다. 리처드는 25일 동안 똥꼴을 구워 먹다가 미국 선교사가 돌아오기 전 5일 동안 똥꼴을 먹지 않고 환기를 시켜 집 안에서 생선 냄새가 나지 않도록 하려는 계획을 세우고 있었다. 하지만 인생이 우리의 계획대로 되는 것은 아니다.

30일 후에 귀가할 것으로 예상했던 미국 선교사가 예정한 날짜보다 일찍 집으로 돌아왔다. 집 안에 들어온 미국 선교사는 똥꼴 냄새가 진동을 하자 매우 불쾌해졌다. 그래서 리처드를 불러서 똥꼴을 먹었느냐고 물었다. 리처드는 똥꼴을 먹지 않았다고 딱 잘라 말했다. 미국 선교사가 주방에 가 보니 아직 프라이팬에 똥꼴이 남아 있었다.

미국 선교사가 이것이 똥꼴이 아니고 뭐냐고 리처드에게 물었다. 리처드는 서둘러 말했다.

"이건 뜽기리입니다."

뜽기리는 우리 식으로 말하면 삼치에 해당하는 생선으로 길쭉하게 생겼고 요리를 해도 비린내가 별로 나지 않는다. 반대로 똥꼴은 작고 통통하다. 미국 선교사는 이미 인도네시아에 오래 있었기 때문에 똥꼴과 뜽기리를 구분할 수 있었다. 미국 선교사의 눈 앞에 있는 작고 통통한 생선은 분명히 똥꼴이었다. 그래서 선교사는 이 생선은 뜽기리가 아니고 똥꼴이라고 말해 주었다.

리처드는 당황하면서 이야기를 했다.

"아, 전에는 이게 똥꼴이었습니다. 하지만 제가 요리하기 전에 똥꼴에 물을 붓고 뜽기리로 이름을 바꾸어 주었습니다. 이제는 똥꼴이 아니라 뜽기리입니다."

똥꼴에 물을 붓고 이름을 바꾼다고 해서 뜽기리가 되는 것은 아니다. 현지 문화의 세계관으로 이미 굳어진 사람에게 세례를 주고 세례명을 붙여 준다고 해서 변화가 일어나지 않는다. 어떤 사람이 예수 그리스도를 주로 시인하고 세례를 받는다는 것은 회심의 시작으로 볼 수 있다.

그 후에는 신자의 삶 속에 하나님의 말씀이 들어가 많은 갈등과 투쟁을 통해 하나님의 세계관과 가치로 변해 가는 과정이 반드시 필요하다.

개종은 짧은 시간에 일어날 수 있지만 그리스도의 제자가 되고 그의 말씀에 자신을 복종시키는 회심의 과정은 결코 짧지 않다. 때로는 하나님의 말씀 앞에서 자신이 가지고 있던 가치, 믿음, 세계관을 부인해야 하는 고통스러운 과정이다. 예수님은 모든 민족에게 가서 세례만 주고 끝내라고 하신 것이 아니라 예수님이 분부한 것을 가르쳐서 주의 계명을 지키는 주의 제자를 삼으라고 말씀하셨다는 것을 기억하자.

> 그러므로 너희는 가서 모든 민족을 제자로 삼아 아버지와 아들과 성령의 이름으로 세례를 베풀고 내가 너희에게 분부한 모든 것을 가르쳐 지키게 하라 볼지어다 내가 세상 끝날까지 너희와 항상 함께 있으리라 하시니라(마 28:19-20)

III부. 타문화에서의 메신저

메시지보다 더 중요한 것은 메시지를 전하는 사람, 즉 메신저다. 만약 코미디를 하는 극장에 불이 났는데 피에로 분장을 한 코미디언이 나와서 사람들에게 불이 났다고 말한다면 사람들은 어떤 반응을 보일까. 불이 났다는 메시지보다 누가 그 말을 전하는가가 더 중요하다.

 선교 현장에서 선교사는 자신이 전달하려는 복음 못지않게 자신이 어떤 사람으로 비치는지 진지하게 평가하는 것이 중요하다. 3부에서는 메신저인 선교사에 대해서 이야기를 하려고 한다.

 많은 사람이 오늘날 우리가 생각하는 선교사의 모델을 사도 바울에서 찾는다. 하지만 사도 바울은 새로운 언어와 문화를 배운 선교사가 아니다. 그는 유대인으로서 헬라인에게 복음을 전했지만 이미 익숙하게 알고 있던 헬라어를 사용하여 복음을 전했다.

 언어와 문화를 전혀 모르는 낯선 지역에 가서 복음을 전하는 선교사의 모델은 1792년 인도에 가서 복음을 전한 윌리엄 캐리와 같은 서구 선교사들이다. 이들은 자신이 태어나 자란 본국에서 멀리 떨어진 지역으로 가서 전혀 모르는 언어를 배우고 생소한 문화를 배우는 것을 전제로 사역을 감당했다.

성경에서 타문화 선교의 원형은 예수님이다. 그분은 하나님과 동등한 분이지만 모든 특권과 능력을 포기하고 인간의 모양으로 오셔서 우리 인간의 언어와 문화를 배우셨다. 이러한 예수님의 모델을 성육신 모델이라고 부른다.

선교사가 현지 사람들에게 받아들여지기 전에는 의미 있는 사역을 하기가 매우 어렵다. 선교사는 아무리 노력해도 외부인이라는 이미지를 떨칠 수 없다. 하지만 효과적인 사역을 하고자 한다면 선교사는 선교지에 도착하는 순간부터 자신을 현지인과 동일시해야 한다. 마치 오리가 알에서 부화하는 순간부터 어미 오리를 따라다니기 때문에 오리로 여겨지듯 선교사는 선교지에서 현지 사람들과 같이 됨으로써 그들에게 받아들여질 수 있다. 중국 내지로 들어가 사역한 허드슨 테일러는 중국 사람처럼 변발을 하고 다녔다. 선교사들은 선교지에 갈 때 본국에서 누리던 모든 권리를 포기해야 한다. 아직 현지 언어와 문화에 익숙하지 않기 때문에 자신의 감정을 제대로 드러내지도 못한다. 선교지에서 선교사는 어린 아기로 오신 예수님께 성육신의 원리를 배워야 한다.

선교사의 수고를 통해 현지 교회가 성숙해지면 선교사는 현지인들을 교회의 지도자로 세우고 떠나야 한다. 선교의 목표는 선교사가 성공적인 사역을 완수하는 것이 아니라 현지 교회가 세워져서 하나님의 영광을 드러내는 것임을 기억해야 한다.

9장

성육신의 원리

천사표가 흘러내릴 때

몇 년 전 부산에 사시는 장로님 댁에 식사 초대를 받았다. 다른 선교사 가정도 함께 초대를 받았는데 그 선교사 부부는 세 살 먹은 남자아이를 데리고 왔다. 저녁 식사를 하기 전까지 제법 예의 바르게 행동하던 아이가 식사가 끝나자 거칠어지기 시작했다. 그러더니 급기야는 경비실로 연결된 인터폰을 가지고 놀겠다고 한다.

엄마 아빠가 못하게 말린 것뿐 아니라 나중에는 집주인인 장로님 내외가 나서서 안 된다고 하자 아이는 소파에 얼굴을 파묻고 소리를 지르며 울기 시작했다. 그 아이의 모습을 찍어 두었다가 20년 후에 보여 주면 좋을 것 같아서 스마트폰으로 사진을 찍고 싶었다.

"사진 찍어야지!"

사진기를 들이대자 그렇게 울던 아이가 갑자기 일어나 손으로 L자를 만들어 턱 밑에 대며 포즈를 취하는 것이었다.

아이들의 이런 모습은 선교지에 간 선교사의 모습과도 비슷한 면이 있다. OMF에서 출간한 《도와주세요! 저는 천사표가 아닙니다》(Help! My halo is slipping)는 한 선교사가 선교지에 도착해서 첫 임기 4년을 보낸 이야기를 재미있고 감동적으로 쓴 책이다. 미국에서 유수한 대학을 나와 신학을 공부하고 목사가 되어 태국에 교회를 개척하러 간 래리 딘킨스 선교사는 자신이 무척 거룩한 사역자라고 생각했다. 하지만 타문화에 들어가 현지 언어와 문화를 아기처럼 배우는 동안 자신의 부족한 모습을 철저하게 직면하게 된다. 그래서 책의 제목은 마치 성탄절 행사에 나오는 천사처럼 머리에 붙어 있어야 하는 천사표(halo)가 선교지에서 가끔씩 흘러 내려오는 경험을 했다는 비유적인 표현이다.

선교지에 처음 간 선교사가 겪는 가장 큰 어려움은 자신이 할 수 있는 일이 없다는 것이다. 다른 사람의 도움이 없으면 아무것도 할 수 없는 무력한 존재라는 사실을 인정할 수밖에 없다.

무기력한 교수

필자는 선교지에 나가기 전에 국립 세무대학에서 십 년 가까이 회계학을 가르쳤다. 우수한 인재들이 공부하는 세무대학은 가르치는 사람으로서 도전도 되었지만 보람도 많은 곳이었다. 그곳에서 회계 이론을 가르치는 동안 학생들이 새롭게 회계학에 눈떠 가는 것을 큰 기쁨으로 생각했다. 강의실에 들어갈 때면 언제나 기분이 좋았다.

인도네시아에서 새롭게 배운 인도네시아어로 회계학을 가르치기 시작했을 때는 완전히 반대 상황이 되었다. 대학 교수가 큰소리칠 수 있는 것은 학생들에게 전공 용어를 사용하여 강의 내용을 설명할 수 있기 때문인데, 인도네시아에 도착해서 일 년 동안 배운 인도네시아 언어로 회계학을 가르치기 시작했을 때 나는 마치 도살장으로 끌려가는 소 같은 느낌이었다. 언어를 잘 모르니 말실수도 많았다.

하루는 손익 계산서에 있는 매출 총 이익, 영업 이익, 경상 이익 등 여러 가지 이익 개념을 설명하고 있었다. 인도네시아어로 이익은 '라바'(laba)인데 이익이 여럿 있으니 당연히 '라발라바'(laba-laba)라고 말하면 된다고 생각했다. 인도네시아어에서 단어의 복수형을 만들려면 같은 단어를 두 번 사용하면 되기 때문이다. 예를 들어 사람은 인도네시아어로 '오랑'(orang)이고 사람들은 '오랑오랑'(orang-orang)이라고 하면 된다. 물건은 '바랑'(barang)이고 물건들은 '바랑바랑'(barang-barang)이라고 하면 된다. 그래서 나는 이익이 여럿이면 라발라바라고 하리라 생각한 것이다.

"손익 계산서에는 여러 개의 라발라바가 있습니다."

내 말을 듣는 순간 갑자기 강의실은 아수라장이 되었다. 조용히 내 강의를 듣던 학생들이 데굴데굴 구르며 웃기 시작한 것이다. 나중에 알고 보니 라발라바는 거미라는 뜻이었다. 라발라바라는 단어가 이미 있기 때문에 이익에 대해서는 복수형을 만들어 사용하지 않는다고 했다.

내가 강의실에서 한 실수는 강의실 밖을 훨훨 날아다녔다. 건축학과 강의실 옆을 지나도 친구에게 들었는지 학생들이 내 뒤에서 수군거리며 "라발라바"라고 하는 소리를 들을 수 있었다. 만약 내가 한국에 있었다면 이런 일은 당하지 않았을 것이다.

조교의 당돌한 질문

한 학기가 거의 다 지날 무렵에 생긴 일은 더 절망적이었다. 기말고사 문제를 내기 위해서 캠퍼스에 갔는데 조교가 나를 기다리고 있었다. 대학교 4학년인 여학생 조교는 나를 보자마자 물었다. "손 교수님, 혹시 기말고사 시험 문제를 다 내셨나요?"

아무 생각 없이 조교에게 대답했다.

"아직 안 냈는데, 무슨 일이라도 있나요?"

조교는 약간 주저하며 말을 꺼냈다.

"이번 기말고사 문제를 제가 만들어 보면 어떨까요?"

기가 막혔다. 나는 가까스로 화를 억누르며 다시 물었다.

"왜, 자기가 기말고사 문제를 만들겠다는 생각을 했나요?"

내 질문에 대한 조교의 대답이 더 기가 막혔다.

"학생들이 교수님의 강의를 잘 알아들을 수 없다고 해서 제가 다른 내용을 가르쳤거든요."

그 조교에게 이렇게 말해 주고 싶었다.

'이런 버르장머리가 있나?'

하지만 일 년 동안 배운 인도네시아어로는 그런 말조차 할 수가 없었다. 나는 그저 씁쓸하게 웃으며 이렇게 말했을 뿐이다.

"걱정 마세요. 제가 그냥 문제를 만들어 보겠습니다."

집으로 돌아왔는데 잠이 오지 않았다. 아, 대학교 4학년생 조교에게 이런 대접을 받아야 하는가.

이것은 인도네시아에서 회계학을 가르치는 대학 교수로서 경험할 수 있는 일이었다. 하지만 정말 힘든 것은 복음을 전하지 못하는 것이었다.

인도네시아에서 복음을 전하려는 노력을 하지 않은 것은 아니다. 내 나름으로 학생들과 대화하고 복음을 전하려고 해 보았다. 세무대학 교수로 있는 동안 학생들에게 복음을 전하던 방법을 인도네시아에서도 시도해 봤지만 열매는 없었다. 세무대학에 있을 때는 수업에 들어오는 학생을 눈여겨 두었다가 연구실로 불러서 커피를 마시며 대화를 나누었다. 대화 중에 꼭 인생의 목적이 무엇이냐고 물어보았는데, 학생이 자기 인생의 목표를 이야기하면 그것을 듣고 나서 약간 도전적인 질문을 던지곤 했다.

"그러면, 그런 목표에 도달했을 때 진짜 행복해질까?"

학생들은 대부분 출세와 성공에 대해서는 많이 생각하지만 행복에 대해서는 생각하는 것 같지 않았다. 그래서인지 내 질문에 제대로 대답을 하지 못한다. 그런 학생들에게 성경에서 말하는 행복이 무엇인지를 설명해 주었다. 그렇게 해서 많은 학생이 주님을 알게 되었다.

하지만 인도네시아에서 이런 시도는 별로 효과가 없었다. 학생들에게 인생의 목적이 무엇이냐고 물을 수는 있는데 학생들이 유창한 인도네시아어로 자기 인생의 목적을 이야기하는 것을 내가 제대로 이해할 수 없었기 때문이다.

딸의 웃음

그래서 결국 전도나 양육 같은 사역은 접고 회계학을 가르치는 데만 전념하려고 했다. 그러자 마음이 그런 대로 편해지는 듯했다. 하지만 마음 편히 지내는 기간도 그리 길지는 않았다. 어느 날 휴가를 마치고 집으로 돌아와서 점심을 먹는데 딸아이가 갑자기 웃기 시작했다. 나는 별 생각 없이 딸아이에게 물었다.

"뭐가 그렇게 우스워?"

딸아이는 아무렇지도 않게 대답했다.

"아빠, 우리는 웃기는 가족 같다. 선교사로 인도네시아에 왔는데 전도도 안 하고 맛있는 것만 먹고 놀러만 다닌다."

정말 당황스러운 순간이었다. 딸아이의 말을 이해하지 못한 것은 아니었다. 선교지로 오기 전 세무대학 교수로 있을 때 우리 집은 늘 청년들이 북적대는 곳이었다. 학생들이 우리 집에 와서 기도하고 찬양하고 성경 공부도 했다.

그래서 우리가 살던 아파트의 아주머니들은 내 정체를 궁금해 했다. 누군가가 딸아이에게 내 직업을 물었나 보다.

"아빠 어디 다녀?"

서너 살밖에 먹지 않은 우리 딸은 내가 국립 세무대학의 조교수라고 말할 실력이 아직 아니었다.

"아빠 학교 다녀요."

"그럼 아빠가 학교에 가서 뭘 해?"

나는 우리 집에 온 학생들에게 회계학을 가르친 적이 없다. 우리 집에서는 언제나 성경 공부만 했다. 딸아이는 아주 분명하게 대답했을 것이다.

"우리 아빠는 학교에 가서 성경 공부 해요."

딸아이의 대답을 들은 이웃들은 모두 내가 신학생이며 어느 교회 청년부 전도사라고 결론을 내렸다. 이것이 딸아이가 아빠에 대해서 가지고 있었던 인상이다. 그래서 선교사로 인도네시아에 가서도 아빠가 하던 일을 할 것이라고 생각했던 모양이다. 하지만 우리가 사는 인도네시아의 교수 사택에는 대학생들이 오지 않았다.

점심 먹는 자리에서 딸아이가 그렇게 웃어도 선교지에서 내가 할 수 있는 사역은 없었다. 선교지에 선교사로 간다는 것은 본국에서 가지고 있었던 모든 학문, 지위, 경험, 능력을 내려놓고 가는 것이다.

아기로 오신 예수님

이렇게 부족한 언어와 사역을 할 수 없다는 자괴감 등으로 갈등하고 있을 때 예수님께서 우리 가운데 어린 아기로 오셨다는 성육신의 이야기를 묵상하는 것이 큰 위로가 되었다.

예수님이 어린 아기의 모습으로 우리에게 오셨다는 것은 매우 중요한 메시지다. 아무리 똑똑한 아이라 해도 아이가 할 수 있는 일은 극히 제한적이다. 예수님은 아무것도 할 수 없는 갓난아이의 모습으로 우리에게 오셨다.

예수님이 만약 사역의 효과만을 생각했다면 어른으로, 그것도 슈퍼맨처럼 오셨어야 한다. 그랬다면 이 땅에 도착하신 날부터 당장 할 수 있는 일이 많았을 것이다. 예를 들어 상암동 축구 경기장에 십만 명을 모아 병을 고쳤다면 예수님은 당장 매스미디어의 주목을 받으셨을 것이다.

헌금을 하겠다는 사람도 많이 나왔을 것이다. 하지만 주님은 그렇게 하지 않으셨다. 그는 엄마 품에 안겨 젖을 먹어야 하고 배설한 것을 누군가 치워 주어야만 하는 어린 아기로 오셨다. 예수님은 누가복음 2장에 나오는 것처럼 어린 시절을 보내셨다. 그는 키가 자라며 지혜가 자랐다고 했다.

예수는 지혜와 키가 자라 가며 하나님과 사람에게 더욱 사랑스러워 가시더라
(누가복음 2:52)

누가복음에 나타난 예수 그리스도의 성장 과정에 대한 기록은 예수님이 정상인의 지능을 가지고 자라셨다는 것을 말해 준다.

세 살 정도 되는 아이들의 행동을 유심히 관찰해 보라. 어떤 느낌이 드는가? 아기들이 천방지축처럼 보이는 것은 아기들이 적절한 룰을 모르기 때문이다. 아기는 자라면서 룰을 배워 간다. 우리 주님도 아기로 오셔서 인간의 룰을 배워 가는 과정을 겪으셨다는 것은 참으로 놀라운 겸손이 아닐 수 없다.

빌립보서는 예수 그리스도가 하나님의 본체시지만 겸손히 인간의 몸으로 오신 것을 찬송한다.

그는 근본 하나님의 본체시나 하나님과 동등 됨을 취할 것으로 여기지 아니하시고 오히려 자기를 비워 종의 형체를 가지사 사람들과 같이 되셨고 사람의 모양으로 나타나사 자기를 낮추시고 죽기까지 복종하셨으니 곧 십자가에 죽으심이라(빌 2:6-8)

아이들은 어떤 상황에서 어떻게 하는 것이 적절한 행동인지 잘 모른다. 자라면서 자기 문화 안에서 언어를 배우고 룰을 배워 가는 것이다. 예수님도 유대인의 한 가정에 철모르는 아기로 태어나셨다. 그리고 자라면서 인간의 언어와 문화를 익히셨다. 그리고 때가 되었을 때 우리를 위해서 자신의 목숨까지 내어 주셨다.

연약함이 주는 유익

인도네시아에서 교수 생활을 하는 동안 견디기 어려웠던 것 하나는 한국에서처럼 강의 시간에 권위 있게 가르치기는커녕 말실수 때문에 학생들에게 놀림을 당한다는 사실이었다. 하지만 오히려 이런 연약함이 현지 교수들은 가질 수 없는 좋은 복음 증거의 기회를 마련해 주기도 한다.

실수를 적어 내면

말실수 때문에 학생들이 웃고 놀리는 문제를 해결하지 않고는 더 이상 수업을 진지하게 할 수 없다는 판단이 섰다. 고민하며 기도하던 중 하하님께서 지혜를 주셨다. 어느 날 수업에 들어가 학생들에게, 내가 하는 인도네시아 말에서 실수를 발견하면 종이쪽지에 적어 내달라고 부탁하고 적어 낸 사람에게는 추가 점수를 준다고 약속했다.

제안은 대단히 효과적이었다. 학생들은 내가 하는 말실수를 듣고 더 이상 전처럼 웃지 않았다. 내가 실수를 하는 순간 학생들의 손은 바삐 움직였다. 그러면서 학생들은 수업에 더욱 집중했다. 나는 연약함을 인정하는 것이 오히려 득이 된다는 사실을 터득해 갔다.

선교사가 된다는 것은 연약해지는 것을 전제로 한다. 선교지에 간 선교사가 선교지 사람들에게 무언가를 해 줄 수 있기 때문에 그곳 사람들을 변화시키는 것이 아니다. 오히려 그들의 눈에 연약해 보이는 모습을 통해서 감동을 줄 수 있다. 선교사가 강했다면 일어나지 않았을 일이 오히려 연약해 보이기 때문에 일어나는 경우를 선교지에서 종종 경험한다.

10 장

선교사의 역할

제국주의 시대의 선교사

오늘날 선교지에서 떳떳하게 선교사라고 부를 수 없는 경우가 많은데 그런 곳에서는 선교사가 어떤 사람으로 인식될까?

허드슨 테일러 선교사는 본인도 당대에 훌륭한 선교사였지만 그의 아들, 손자, 증손자, 심지어 고손자까지 모두 중국 선교사로 헌신했다. 그 고손자는 필자가 OMF의 초임 선교사로 싱가포르의 국제 본부에서 오리엔테이션을 받을 때 함께 훈련한 신임 선교사였다.

언젠가 허드슨 테일러의 증손자인 테일러 박사님이 우리 집에서 일주일을 머물렀다. 오늘날의 선교 상황에 대한 이야기를 나누다가 테일러 박사님이 내게 이렇게 말했다.

"손 형제, 우리 할아버지가 중국에 갈 때도 중국은 선교사를 환영하지 않았어. 하지만 그때는 영국의 군대가 무서워서 선교사를 쫓아낼 수 없었지. 하지만 중국은 더 이상 그런 나라가 아니야. 이제 중국에 가려면 중국에서 필요한 사람으로 가야만 해요."

우리가 사용하는 선교사라는 단어는 영어로 'missionary'인데 이 단어가 사용된 것은 400년 전부터다. 당시 포르투갈이나 스페인의 가톨릭 사제들이 라틴 아메리카에 가서 복음을 전했는데, 1980년대 후반에 나온 영화 〈미션〉(The Mission)은 그런 선교사들의 모습을 잘 보여 준다.

그 후 200년이 지나 개신교 선교사들이 등장하는데 이들도 가톨릭 선교사들과 비슷한 모습으로 아시아와 아프리카 지역에 파송되었다. 이들 중 상당수는 강력한 제국주의 정부에 힘입어 선교지에 들어갔다. 하지만 오늘날 이렇게 갈 수 있는 곳은 한 군데도 없다. 1945년 제2차 세계대전의 종식과 그 후 발현된 2/3세계 국가들의 독립으로 지난 400년간 서구 선교사들이 경험한 선교지의 모습은 완전히 바뀌었다.

중국 주석의 대답

우리나라 대통령과 영부인이 중국을 방문했을 때의 이야기가 전해진다. 대통령 옆에 조용히 앉아 있던 영부인이 중국 주석에게 말했다.

"주석님, 부탁이 하나 있습니다. 중국에 와 있는 한국 선교사들을 잘 대해 주십시오."

그러자 중국 주석이 이렇게 말했다고 한다.

"부인, 미안하지만 중국에는 선교사가 없습니다."

중국 정부가 선교사 비자를 내준 적이 없으니 중국 정부 입장에서는 그렇게 말할 수밖에 없을 것이다. 하지만 중국 전체를 통치하는 주석이 우리나라 교회에서 파송된 선교사들이 중국에서 활동하고 있다는 사실을 모를 리 없다. 그러면서도 시치미를 뚝 떼고 중국에는 선교사가 없다고 말했다는 것이다.

이제 중국 정부는 한국 정부가 무서워서 한국 선교사들에게 비자를 내주지는 않는다. 중국이야 이미 G2로 불리는 대국이 되었으니 그렇다 치고, 우리나라와 비교해서 경제적으로나 외교적으로 열등한 나라라 하더라도 한국 정부가 무서워서 한국 선교사에게 비자를 내주는 나라는 없다. 선교사로 가서 본국의 힘을 믿고 선교지에서 영향력을 끼치겠다고 생각하는 사람이 있다면 그야말로 시대착오적인 발상이다.

선교사임을 떳떳하게 밝히고 다닐 수 있는 선교지라고 해도 선교지에 간 선교사는 그리스도의 성육신적 원리를 따라야 한다. 그런데 문제는, 선교지의 사람들이 선교사에 대해 나름의 기대를 갖는다는 데 있다.

200년 전 인도에 간 영국 선교사들을 현지인들은 '도라'라고 불렀다. 도라는 지주를 가리키는 말이다. 영국 선교사들이 넓은 땅을 사서 큰 집을 짓고 살았기 때문이다. 인도의 지주들은 대부분 부인 외에 첩을 데리고 살았는데 선교사들도 첩이 있는 것처럼 보였다. 싱글 선교사들이 결혼한 선교사 가정과 함께 지냈던 것이다. 당시는 영국에서도 결혼하지 않은 젊은 여성이 해외에 나가서 혼자 사는 것을 좋게 보지 않았다. 따라서 선교회에서는 이미 결혼한 선교사 가정에 싱글 선교사가 함께 살도록 배려했는데 이것이 오히려 현지인들에게 오해를 가져다 주었다.

많은 지역에서 선교사는 제국주의자들과 같은 존재로 인식되었다. 제국주의 식민지 정부에서 지방에 파견한 공무원들은 교육을 많이 받고 현지에 와서 자신들의 본래 문화를 유지하려고 노력했다. 그 당시 선교사들 역시 현지 문화를 무시하는 경우가 많았다. 서구 선교사들의 모습은 식민지 정부가 파견한 관리들의 모습과 그리 다르지 않았다.

다음은 김명호 작가가 쓴 글의 일부다. 19세기 중반 중국에 들어온 서구 선교사들이 현지인의 눈에 어떻게 비쳤는지를 볼 수 있는 한 대목이다.

중국인의 눈에 비친 서구 선교사의 모습

1840년, 영국의 대포와 아편이 중국을 능욕했다. 미국·프랑스 등이 뒤를 이었다. 청나라 정부는 서구 열강이 내민 불평등 조약 문서에 군말 없이 서명했다. 조문마다 선교의 보장과 교회 건립, 선교사 보호에 관한 조항은 빠지는 법이 없었다. 1850년대 말, 프랑스와 맺은 조약에 "외국 선교사들은 중국 전역에서 토지를 빌리거나 구입할 수 있고, 무슨 건물이건 지을 수 있다"는 조문이 있을 정도였다.

교회는 중국의 법률이 미치지 못했다. 치외 법권 지역이나 매한가지였다. 선교사들은 외교 사절이 부럽지 않았다. 면책 특권 등 온갖 혜택을 누렸다. 십자가만 내걸면 아무리 흉악한 사건을 일으켜도 시비를 따지는 사람이 없었다. 청나라 정부는 이들을 수수방관했다. 국력이 약하다 보니 어쩔 수 없었다.

(중략)

1894년 청일전쟁이 발발했다. 중국은 철저히 패배했다. 대청제국은 점점 안으로 움츠러들었다. "이 넓은 땅덩어리, 들고 갈 것도 아니고 빈 땅에 교회를 짓건 말건 내버려 둬라." 교회는 외국인의 활동 거점으로 둔갑했다.

전국 방방곡곡에 4,000여 개의 교회 건물이 올라갔다. 산둥(山東) 지역에만

1,300여 개가 있었다. 먼 옛날 황건적의 발상지라며 두려워하는 선교사들도 있었다. 한 영국인 선교사가 런던의 친구에게 보낸 편지가 남아 있다.

"중국은 우리가 생각지도 않았던 곳까지 외국의 선교사와 상인, 학자들에게 개방시켰다. 이 나라는 완전히 우리 수중에 떨어진 거나 다름없다. 외국인 선교사들이 중국인들의 농토를 점령하고, 평생 눌러앉을 생각을 한다면 엄청난 죄를 저질러야 한다. 언제 무슨 난리가 일어날지 모른다. 생각만 해도 무섭다. 그런 상황이 벌어지면, 하늘은 우리를 돌보지 않을 게 분명하다. 그때는 무력에 의존하는 수밖에 없다."

(중략)

중국의 하늘(天)은 서양의 하늘과 뜻이 달랐던지 창장(長江) 유역에서 서양 종교 배척 운동이 벌어졌다. "서양 귀신 내쫓자"는 전단들이 도시의 대로와 골목을 수놓았다. 시도 때도 없이 교회 창문에 돌덩이가 날아들었다. 선교사들은 아침에 일어나면 마당에 뿌려진 인분 냄새에 코를 싸맸다. 밖에 나왔다가 팔다리가 부러지거나 머리통을 싸매고 돌아오는 선교사들이 속출했다. 화염에 휩싸이는 교회가 한둘 생겨났다. 외국인들은 공포에 떨었다. 중국인 신자들은 "서양 귀신 믿었다가 큰일 나겠다"며 교회 근처에 얼씬거리지도 않았다.

(2012년 8월, 〈중앙선데이〉의 "사진과 함께하는 김명호의 중국 근현대 [282]")

위의 경우는 선교사에 대해서 지나치게 부정적으로 표현한 예일 것이다. 더 많은 선교사가 현지인을 존중하고 자신의 목숨을 바치면서 현지인을 섬기고 그리스도를 증거했을 것이다. 하지만 위의 글에 나타난 일들도 있었던 것을 부정할 수 없다.

　언젠가 조선에 온 백인 여자 선교사가 회초리를 들고 있는 사진을 보았다. 자기에게 가까이 오는 조선 사람들을 쫓기 위해서 가지고 다녔다는 설명에 놀라움을 금할 수 없었다. 조선 사람들은 그 선교사를 어떻게 생각했을까? 다시 말하지만 조선에 온 선교사들 대부분은 훌륭한 삶을 살았고 조선 사람을 사랑과 존경으로 대했다. 하지만 회초리 선교사가 있었다는 것 역시 숨길 수 없는 사실이다.

　경제적으로 어려운 지역에서 선교사는 현지인들의 경제적 어려움을 채워 줄 수 있는 사람으로 보일지도 모른다. 만약 사람들이 불쌍하다는 이유로 경제적 도움을 일방적으로 주던 선교사가 선교지에서 철수할 경우, 현지 사람들은 어떻게 생각할까? 이들은 그동안 선교사가 도움을 준 것에 고마워하기보다는 선교사가 철수하고서 자신들의 경제적 상황이 어려워질 것 때문에 선교사를 원망할 가능성이 높다. 선교사는 언제나 자신이 선교지를 떠난 후에 어떤 결과가 나타날지에 대해 명확한 그림을 가지고 있어야 한다.

만남의 모델과 참여의 모델

선교사가 선교지에 갔을 때 현지인 대부분은 선교사가 어떤 사람인지 잘 모른다. 따라서 현지인들은 선교사를 자신들이 그 사회에서 만나는 사람과 동일시한다. 현지인의 눈에 비친 선교사의 모습은 대개 두 개의 모델 가운데 하나의 역할로 보일 것이다.

만남의 모델

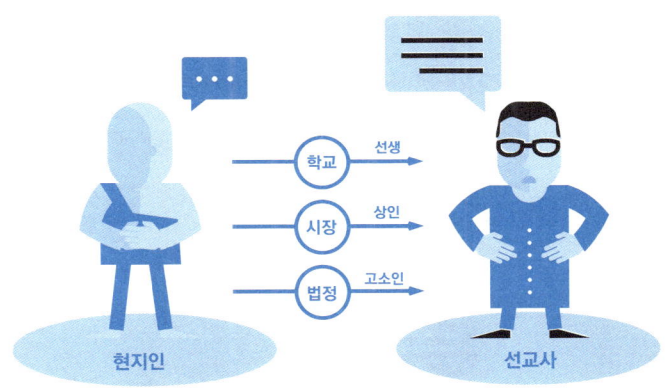

왼쪽은 현지인이고 오른쪽은 선교사다. 현지인은 듣고 있고 선교사는 뭔가 열심히 떠들고 있다. 선교사는 현지인에게 단순히 말을 한다기보다는 잘난 척하며 말한다고 서술해야 더 정확할 것이다. 그림에서 보는 것처럼 선교사가 뭔가 잘난 체하며 늘 말하고 현지인에게 들을 것을 요구한다면 현지인들은 그 선교사를 자기가 그 사회 안에서 만나는 사람들 중에서 다음과 같은 역할에 동일시할 것이다.

학교에서라면 뭔가를 가르치는 선생님이라고 생각할 것이다. 선교사는 교실에서 학생들에게 자기가 알고 있는 것을 일방적으로 떠드는 사람처럼 보인다. 만약 시장에서라면 현지인은 선교사를 물건을 팔러 온 사람이라고 생각할 것이다. 법정에서라면 현지인은 선교사를 무언가 잘못한 사람을 정죄하는 고소인과 같다고 생각할 것이다.

현지 사람들은 외부에서 온 선교사가 이렇게 행동할 때 과연 어떻게 받아들일까? '만남의 모델'에서 만남이라는 단어는 영어로 'encounter'인데 이 단어는 영화 〈E.T.〉에 나오는 외계인과 마주쳤을 때처럼 낯선 존재를 만났을 때 사용하는 단어다. 만약 선교지에서 선교사가 이런 역할로 받아들여진다면 그가 제대로 복음을 전하기는 쉽지 않을 것이다. 하지만 이런 만남만 있는 것은 아니다. 또 다른 모델을 생각할 수 있다.

참여의 모델

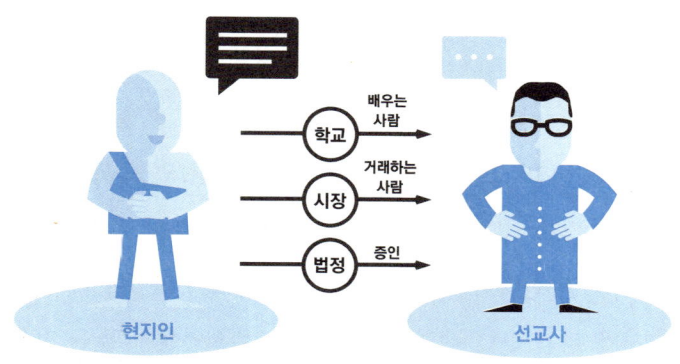

참여(Participation)의 모델은 그림에서 보는 것처럼 만남의 모델과 반대의

모습으로 보인다. 왼쪽은 현지인의 모습이고 오른쪽은 선교사의 모습인데 현지인은 뭔가를 말하고 있고 선교사는 열심히 듣고 있다.

선교사가 현지인에게 말하도록 하고 자신은 그 말에 귀를 기울인다면 현지인들은 선교사를 자기가 그 사회 안에서 만나는 사람들 중 다음과 같은 역할에 동일시할 것이다.

학교에서라면 이 선교사가 뭔가를 배우러 온 학생이라고 생각할 것이다. 사람들은 배우려는 사람에게 마음의 문을 쉽게 연다. 만약 시장에서라면 자기들과 같이 물건을 교환하러 온 사람이라고 생각할 것이다. 그 사회에서는 시장에서 팔기만 하거나 사기만 하는 사람은 없다. 모두 자기의 물건을 가지고 와서 물물 교환을 하는 시스템이다. 선교사는 자기의 물건을 일방적으로 강요하는 것이 아니라 현지인의 물건에 대해서 듣고 또 자기의 물건도 설명하는 모습을 보일 것이다. 법정에서라면 선교사를 어떤 일에 대해서 증언하는 사람이라고 생각할 것이다.

만약 선교지에서 선교사가 이런 역할로 받아들여진다면 복음은 훨씬 수월하게 전달될 수 있다.

만남의 모델과 참여의 모델을 함께 두고 비교해 보면 다음과 같은 차이를 발견할 수 있다.

만남의 모델은 선교사가 마치 현지인을 가르치는 사람처럼 보인다. 하지만 참여의 모델은 선교사가 현지인에게서 배우는 사람처럼 보인다. 어떤 모델의 선교사가 더 효과적인 사역을 할 수 있겠는가? 당연히 참여 모델의 선교사다. 하지만 애석하게도, 많은 선교지에서 선교사는 만남의 모델에 가까운 모습으로 받아들여지고 있다.

M 선교사의 모습

선교사들은 대화할 때 자신이 섬기는 나라나 사람들에 대해서 불필요하게 부정적으로 표현하는 것을 특히 조심해야 한다.

선교지에 있다가 한국으로 들어와 함께 사무실에서 일하는 외국인 선교사가 있었다. 그는 매우 겸손하고 훌륭한 선교사였다. 그는 외국에서 온 어떤 선교사보다도 한국말을 잘했다. 하지만 그가 한국에 대한 기도 제목을 영어로 쓴 기도 편지를 보고 놀랐다. 그 편지의 맨 앞에는 짧게 한국을 소개하는 간단한 글이 늘 실려 있었다.

그 선교사는 우리나라를 B형 간염 보균자의 수가 인구 대비 세계 1위인 나라라고 소개했다. 처음에는 조금 불쾌했지만 그저 그러려니 했다. 하지만 다음 달에 다시 한국은 교통사고 치사율이 인구 대비 세계 1위라는 말을 기도 편지에 쓴 것을 발견하고는 불쾌한 감정을 감출 수가 없었다. 그에게 당장 가서 "한국에 대해서 왜 그렇게 부정적으로 표현하는지 모르겠네요!"라고 따지고 싶었다. 하지만 내가 영적인 사람이라는 인상을 주기 위해서 참고 지냈다. 그 선교사가 한국에 대한 이야기를 거짓으로 보고하는 것은 아니지만 한국에 대해서 매번 부정적인 이야기를 전하는 것이 거북했다. 그는 사무실에서 다른 사람들과 이야기할 때도 한국과 자기의 본국을 자주 비교했다. 결론은 늘 한국이 부족한 나라라는 것이었다.

급기야는 정말 참아 주기 힘든 말을 들었다. 어떤 영국인 목사가 설교하는 것을 듣고 나서 그는 한국 목사들이 도저히 할 수 없는 설교를 했다며 그를 칭찬했다. 영국 목사의 설교를 칭찬하면서 굳이 한국 목사들의 실력이 없다고 말해야 했을까. 내 마음에 그 선교사와 점점 더 벽이 생기는 것을 느꼈다. 왜 그 선교사가 한국에서 사역을 하는지 의심이 들기 시작했다.

그러던 어느 날 그 선교사와 자연스럽게 이야기를 할 기회가 생겼다. 국제 회의에서 그와 한 방을 쓰게 되었기 때문이다. 평소 별로 좋아하지 않는 사이라 한 방을 쓰는 것이 마음에 걸렸다. 하지만 그것 때문에 회의를 준비한 담당자에게 방을 바꾸어 달라고 할 수도 없었다. 만약 내가 방을 바꾸어 달라고 하면 그 담당자는 내가 그 선교사와 사이가 나쁜 것을 알게 될 것이고 내가 영적이지 못하다고 생각할 것이 두려웠다.

방에 들어가 보니 그 선교사는 먼저 와서 짐을 정리하고 책상에 앉아서 다음 날부터 시작될 회의의 자료를 읽고 있었다. 내가 방에 들어가자 그 선교사는 나에게 "하이!" 하며 반갑게 인사를 했다. 나도 간단히 인사를 하고 짐을 정리한 후 앉아서 회의 자료를 읽었다.

한참 지나 밤이 깊어지자 선교사가 말을 걸었다.

"손 선교사님, 우리 이제 불을 끄고 자야 할 시간이 된 것 같습니다. 내일 아침 회의가 이른 아침부터 시작되는 것 같던데요."

피곤하기도 하고 또 그 선교사를 보고 있는 것도 불편해서 그러자고 하고 잠자리에 들려는데 그 선교사가 자기 전에 함께 기도하자고 제안을 했다.

나는 그 선교사와 함께 기도할 마음이 없었다. 하지만 만약 내가 싫다고 하면 그가 나를 영적이지 못한 사람이라고 생각할 것 같았다. 그래서 마지못해 그러자고 대답했다. 하지만 기도하려고 고개를 숙였을 때 내 마음속에 그 선교사에 대한 불편한 마음이 계속 있어서 기도를 하기가 힘들었다.

나는 그에게 기도하기 전에 꼭 하고 싶은 이야기가 있다고 말했다. 내 불편한 마음을 눈치채지 못한 선교사는 무슨 이야기든 하라고 했다. 나는 그가 평소에 쓴 기도 편지의 내용, 사무실에서 나눈 이야기, 선교사 수련회에서 영국인 목사를 칭찬할 때 한국 목사들을 낮추어 이야기한 것을 모두 나누었다.

내가 말을 모두 마치자 그는 정중하게 나에게 사과했다.

"손 선교사, 정말 미안합니다. 나를 용서해 주세요. 하지만 내가 그렇게 하고 있는 것을 전혀 의식하지 못했습니다."

그의 사과는 진정성이 느껴졌다. 그 선교사의 사과를 받아들이자 내 마음도 평안해졌다. 그리고 기쁜 마음으로 그 선교사와 함께 기도를 하고 잠자리에 들 수 있었다.

하지만 그가 한 마지막 말이 귀에 남았다.

"내가 그렇게 하고 있는지 몰랐습니다."

우리도 그럴 수 있다. 우리가 섬기는 나라나 섬기는 사람들에 대해서 불필요하게 부정적으로 말할 수 있다. 그것도, 선교지에서 20년 혹은 30년을 머물면서 모든 어려움을 다 겪은 선교사들이 그렇게 말하는 것은 그런대로 이해가 된다. 하지만 고작 한두 주밖에 되지 않는 단기 선교 여행을 다녀와서 그 나라의 부정적인 면만 부각시켜 "이 나라 더럽지요. 이 나라는 도둑이 많아요. 이 나라는 매매춘이 많아요"라고 말하는 모습을 보면 마음이 불편하다. 아마 이렇게 말하는 사람들도 "내가 그렇게 하고 있는지 몰랐습니다"라고 말할 것이다.

우리가 선교 보고를 할 때 우리 말을 잘 알아듣는 그 나라 사람이 청중 가운데 있다고 가정하고 선교 보고를 한다면 훨씬 공정하게 할 수 있을 것이다.

선교사의 기도 편지

선교사들이 쓰는 기도 편지야말로 가장 조심해야 할 부분이다. 무심코 현지인이나 현지 국가에 대해서 쓴 글이 현지 사람들에게 읽혔을 때 어떤 심각한 결과를 초래하게 될지 알 수 없기 때문이다.

처음 선교지에 도착해서 언어를 배우는 동안에 있었던 일이다. 타향살이를 막 시작한 초년병 선교사에게 고국 소식을 담은 편지를 받는 것은 말할 수 없는 큰 기쁨이었다. 어느 날 한 통의 편지가 배달되었다. 발신자는 미국인 선교사 H의 이름으로 되어 있었고 발송지는 H 선교사의 파송 교회인 미국 주소로 되어 있었다. 그 당시 한국에서 십 년째 사역하고 있는 H 선교사의 편지는 영어로 적혀 있었다. 나와 잘 아는 사이는 아니었지만 그래도 안면이 있는 정도의 사이였다. 참고로 H 선교사는 십 년째 연희동에 살고 있었다.

어찌 되었든 반가운 마음에 편지를 뜯어서 읽기 시작했다. 편지는 크리스마스 전에 써서 H 선교사의 파송 교회로 보낸 것을 복사해서 다시 여러 명의 기도 후원자에게 발송한 것이었다. 그런데 그가 쓴 편지의 시작 부분이 매우 이상했다.

"한국은 불교 국가라서 크리스마스가 다가오지만 크리스마스트리를 볼 수도 없고 크리스마스 캐롤도 들을 수가 없다. 물론 북미 지역의 일반적인 습관인 친지들과 가족들 사이에서 성탄 선물을 주고받는 습관도 없다. 그래서 우리는 외롭다."

그 편지를 읽는 동안 이 선교사가 혹시 연희동에서 백담사 근처로 이사를 갔나 하는 생각이 들 정도였다. 편지를 끝까지 다 읽는 데는 대단한 인내가 필요했다. 그런데 아니나 다를까 뒷장에 '한국의 가을 풍경'이라는 제목의 사진이 실렸는데, 어느 산에서 몸뻬 바지를 입은 할머니 한

분이 등에 땔나무를 지고 내려오는 장면이었다.

우리나라 시골 지역도 이제는 가스로 밥을 조리하는데 이런 사진을 어디서 구했을까 하고 의아했다. 그의 편지를 읽는 사람들 가운데 대부분은 한국을 방문해 본 적이 없을 것이다. 그렇다면 이 편지를 읽고 H 선교사가 형편없는 나라에서 무척 고생하고 있구나 하고 동정할 수는 있을 것이다. 그러나 그 선교사가 한국의 상황을 사실과 다르게, 그것도 지나치게 부정적으로 말했다는 것에 나는 실망과 분노를 느꼈다.

그 후로도 몇 달에 한 번씩 H 선교사의 기도 편지가 왔는데 내용은 거의 대동소이했다. 한번은 이런 내용도 있었다. 한국 교회들은 제자 훈련 프로그램이란 것을 모르고 하지도 않기 때문에 자기네가 하고 있는 제자 훈련 프로그램이 한국에서 정말 큰 반향을 일으키고 있다는 것이다. 더 기가 막힌 것은 그 제자 훈련을 통해서 제자가 되고 선교사로 나가기로 결심한 사람들이 있다느니 하는 식으로 사실과 다르게 보고를 하는 것이었다. 자기에게 제자 훈련을 받고 선교사로 나가려는 사람이라면서 기도 편지에 게재한 사진에는 내가 잘 아는 여자 후배가 있었는데, 내가 알기로 그 후배는 선교사로 나가기 전에 영어를 배울 필요가 있어서 영어로 진행되는 그 선교사의 제자 훈련 프로그램에 참여하는 것이었다.

어떤 이유나 목적에서든지 선교지 사람들이나 선교지를 나쁘게 말하는 것은 선교사가 해서는 안 될 일이다. 더구나 없는 사실을 말하거나 부분적으로만 옳은 이야기를 말하는 것은 결코 하지 말아야 한다.

선교사의 정체성

가톨릭 선교를 포함해서 400년이 넘는 기독교 선교의 역사를 보면 많은 변화가 있어 왔다. 그 가운데서 가장 큰 변화는 선교사 비자를 취득할 수 없는 소위 창의적 접근 지역(Creative Access Nations, CAN)이 많이 생겼다는 것이다. 일부 국가에서는 점증하는 민족 종교의 압력 때문에 선교사 비자를 주지 않기도 하고 또 일부 국가에서는 정부가 과거 선교사들이 내세웠던 삼자주의(三自主義)를 내세워 더 이상 선교사 비자를 안 주는 아이러니한 경우도 있다.

어쨌든 선교사가 당당하게 선교사라는 신분을 밝히고 선교지에 갈 수 없게 된 상황은 메시지를 전하는 메신저의 진정성에 부정적인 영향을 미친다. 아는 후배가 신학을 공부한 후 목사가 되어 선교지에 갔다. 어떤 집사님을 통해서 여성 의류를 만드는 공장의 관리자로 비자를 받기로 했다. 하지만 그 후배는 여성 의류를 만드는 공장의 관리자로서의 경험이 전혀 없었다. 그는 직업을 단순히 선교지로 진입하기 위한 하나의 징검다리로만 사용한 것이다. 결국 그 선교사의 직업이 진짜가 아니라는 것이 선교지 정부에 발각되었고 그는 선교지에 오래 머물 수 없었다.

선교사는 자신이 속한 교회와 자신을 파송한 본국에서, 그리고 자신이 섬기는 현지에서 동일한 정체성을 가질 때 가장 높은 안정감을 갖는다.

C국에서는 선교사들을 '선교사'나 '목사'라고 부르지 않고 모두 '선생님'이라고 부른다. 어떤 선교사가 C국에서 몇 년간 사역한 후 한국에 들어와 후원 교회에서 주일 설교를 했다. 설교에 앞서 그 교회를 담임하는

목사님이 선교사를 소개했다.

"오늘은 특별한 강사를 모셨습니다. C국에서 아무개 목사님이 오셔서 설교를 하시겠습니다."

이 말에 가장 놀란 것은 그 선교사의 딸이었다.

옆에 앉아 있는 엄마에게 물었다.

"엄마, 아빠가 목사였어?"

우리 정체성의 진정성은 우리가 전하는 메시지만큼이나 중요하다.

몇 년 전 국제 본부에서 스위스 출신의 선교사 한 명을 만나 어디서 사역하느냐고 물었더니 동아시아의 B국에서 사역한다고 했다. 그는 원래 목사였지만 B국에서 비자를 받기 위해 실크 비즈니스를 하기로 했다. 그는 부지런히 실크 제조법과 실크로 핸드백 만드는 법을 배워서 B국의 가난한 농촌 사람들을 도왔다. 그러자 현지 사람들이 그에게 마음을 열고 성경도 배우려고 하였다. 이것이 직업을 갖고 일하는 선교사의 진정성이다.

오늘날은 인터넷의 발달로 구글에서 검색만 해 보면 우리가 어떤 사람인지 다 알 수 있다. 따라서 우리가 교회에서나 사회에서나 현지에서 동일한 정체성을 가지지 않는다면 우리가 전하는 메시지의 진정성도 의심받게 된다.

이것은 단지 선교사 개인의 문제만이 아니다. 단기 팀으로 해외에 나가는 소위 단기 선교 여행을 갔을 때 만약 봉사가 목적이라면 교회 내에서도 해외 봉사라고 해야 한다. 본국 교회에서는 선교하러 가는 것으로 모두 준비를 해 놓고 현지에서 문제가 생겼을 때만 '우리는 선교하러 온 것이 아니라 봉사하러 왔다'고 말한다면 우리 자신과 우리가 전하는 메시지의 진정성을 훼손시키는 결과를 낳을 것이다.

11 장

동일시

동일시의 원리

동일시(identification)란 선교사가 선교지에서 현지인들과 같아지려고 노력하는 것을 말한다. 문화가 다른 곳에서 그곳 사람들과 같아진다는 것은 결코 쉬운 일이 아니다. 특히 본국과 선교지의 경제적 차이나 문화적 차이가 크다면 동일시는 더 어렵다. 하지만 힘든 인내가 주는 열매는 언제나 달다.

허드슨 테일러의 경험

허드슨 테일러가 중국에 처음 도착했을 때는 1854년이었다. 당시 중국 내지에 살던 중국인들은 서구에서 온 사람을 본 적이 없었다. 그래서 코는 툭 튀어나오고 눈은 쑥 들어가고 파랗고 머리는 노란 서양 사람을 사람이라고 생각하지 않고 귀신이라고 생각했다. 그래서 서양 선교사를

'양귀'(洋鬼)라고 불렀다.

당시 영국에서 중국 상하이까지 가는 데는 6개월이 걸렸다. 허드슨 테일러가 중국 상하이에 도착해서 보니 많은 서양 선교사가 본국에서 살던 방식 그대로 살고 있었다. 상하이에는 서양식으로 사는 서양 사람이 많아서 중국 사람들도 서양 사람을 신기하게 생각하지 않았다. 그러나 내지로 조금만 들어가도 중국 사람들은 그가 전하려는 복음보다는 그의 의복이나 외모에 더 관심을 보였다.

허드슨 테일러는 그 당시 중국 사람들이 하고 다니는 복식과 머리 모양을 따라 하기로 했다. 그때는 청나라 시절이라 변발이 유행하던 때였다. 허드슨 테일러는 양복을 벗고 중국 사람들처럼 옷을 입고 그들처럼 변발을 하고 다녔다. 허드슨 테일러가 중국식으로 복장과 머리를 하고 다니는 것을 다른 서양 선교사들은 못마땅하게 생각했다.

하지만 허드슨 테일러는 다른 선교사들의 따가운 눈총을 아랑곳하지 않았다. 허드슨 테일러가 앞머리를 밀고 뒷머리를 땋아서 시장에 나가자 여기저기서 더 큰 웃음이 터져 나왔다. 저자 거리에 모두 까만 댕기를 하고 다니는데 노란 댕기가 홀로 돌아다니고 있으니 그 모습이 무척이나 우스꽝스러웠다. 허드슨 테일러는 집에 돌아와 머리를 까만색으로 염색했다.

허드슨 테일러가 중국내지선교회를 만들었을 때 그는 선교회 소속 선교사에게 중국 사람처럼 입고, 중국 음식을 먹고, 중국어를

말하며 살아야 한다고 강조했다. 대부분 허드슨 테일러의 지시를 따랐지만 개중에는 반대하다가 결국 선교회를 떠나는 선교사도 있었다.

이런 갈등에도 불구하고 허드슨 테일러와 중국내지선교회 선교사들이 중국인과 동일시하려고 했던 노력은 후에 귀한 열매로 자라났다. 중국의 반체제 작가인 랴오이우가 쓴 《붉은 하나님》은 2014년 초에 우리말로 번역 출간된 책으로, 문화 혁명의 와중에도 믿음을 지킨 중국 내 가정교회 지도자들의 삶을 인터뷰해서 소개했는데 얼마나 감동적인지 모른다. 그러나 필자에게 특히 감동적이었던 부분은 가정교회 지도자들 중 상당히 많은 수가 중국내지선교회의 선교사에게 복음을 듣고 주님을 믿었다는 것이다. 중국 사람과 같아지려고 노력했던 중국내지선교회 선교사들의 삶이야말로 동일시의 전형이다.

오늘날의 동일시

오늘날의 동일시는 200년 전, 100년 전과는 분명 달라야 한다. 오늘날 어떤 면에서는 동일시가 더 쉬워진 것처럼 보인다. 중국 사람은 더 이상 변발을 하고 다니지 않는다. 따라서 본국에서의 삶과 비슷한 수준으로 선교지에서 살아도 별 문제가 없는 것처럼 보인다.

하지만 동일시는 단순히 선교지 사람들이 하고 다니는 문화의 행동 양식에만 국한된 것이 아니다. 그들이 살고 있는 생활 수준에 맞게 사는 것까지 포함한다. 선교사가 현지인의 생활 수준에 맞춰 살기가 더 어려워졌다는 것은 양국 간 경제력의 차이를 살펴보면 더욱 분명해진다. 미국의 한 선교 기관에서 지난 200년간 가난한 나라들과 부유한 나라들의 경제 지표를 비교한 자료를 발표했다.

연도	경제 지표 비율
1820년	3 대 1
1913년	11 대 1
1950년	35 대 1
1973년	44 대 1
1992년	71 대 1

1900년만 해도 잘사는 나라와 못사는 나라의 경제력 차이는 10 대 1을 넘지 않았다. 하지만 위의 표에서 보는 것처럼 1992년에 벌써 71 대 1까지 벌어졌다면 21세기에 들어선 지금은 생활비의 차이가 100 대 1에 육박한다고 볼 수 있다.

이 표에서 허드슨 테일러가 중국에 처음 간 1850년대를 가늠해 보면 경제 지표 비율이 5 대 1 정도 될 것 같은데 그 정도의 차이도 실제로는 매우 컸을 것이다. 허드슨 테일러가 중국내지선교회를 만들 당시인 1865년에 영국 런던에는 이미 지하철이 다니고 있었다. 그에 비해 중국의 경제 사정이 열악했던 것은 말할 것도 없다.

하지만 그 차이가 오늘날 소위 선진국과 후진국 차이만큼은 아니었다. 지난 200년 동안 국제적인 양극화는 더욱 심화되었다. 따라서 오늘날 선교사들은 150년 전 선교사들이 선교지에서 했던 것보다 더 단순한 삶(simple life)을 살려는 노력을 해야만 한다.

오늘날 선교사가 모금해야 할 후원금은 생활비나 주거 환경만을 위한 것이 아니다. 높은 의료 보험 비용 지출, 심지어 은퇴 후의 연금 지출 등을 고려해야 한다. 게다가 자녀 교육이나 여가 생활을 위한 자금도 필요하다. 과다한 선교비의 지출 가운데는 필수적인 비용도 있지만 선교사가 자신의 희생에 대한 보상 심리 때문에 생기는 지출도 있다. 예를 들어 단순한 삶을 실천하며 훌륭한 사역을 감당하는 선교사가 자녀만은 자기처럼 고생시키지 않겠다고 하여 자녀 교육에 대해서는 지나치게 여유 있는 지출을 한다든지, 선교지에서 고생을 하는 대신 여가를 위해서는 분수에 넘치는 비용 지출을 하는 경우도 있다.

최근에는 선교사들이 사용하는 전자기기에 대해서도 생각할 필요가 있다. 한국의 전자기기 수준은 세계적으로 앞서 있기 때문에 별 생각 없이 사용하던 하이테크 기기를 그대로 선교지에 가져와서 사용한다면 선교지 사람들에게 위화감을 줄 수도 있다.

단기 팀의 디지털 카메라

족자에서 사역하고 있을 때 한국 대학생으로 구성된 단기 선교 여행 팀이 방문한 적이 있다. 단기 팀은 며칠 동안 아주 가난한 지역에 가서 어린이들을 모아 프로그램을 진행했다. 프로그램은 성공적이었다. 청년들은 옷도 수수하게 입고 있었고 누가 보아도 현지 사람들보다 훨씬 부유해 보이지 않아서 위화감 없이 봉사를 잘 마쳤다.

모든 프로그램을 마치는 날 현지 아이들과 단기 팀 청년들이 모두 모여서 기념 촬영을 하기로 했다. 한 사람이 카메라를 가지고 나가서 사진을 찍으려고 하자 청년들이 하나둘 자기 가방에서 디지털 카메라를 꺼내어 내밀며 서로 찍어 달라고 했다. 갑자기 수많은 디지털 카메라를 본 현지 아이들은 눈이 휘둥그레졌다. 당시만 해도 인도네시아에서 디지털 카메라가 귀했고 족자 시골 지역의 아이들에게는 더욱 비싼 물건이었다.

만약 이 팀이 디지털 카메라를 하나만 가져와서 사진을 찍고 나중에 복사해서 나누어 가졌다면 현지 아이들에게 선교 팀이 부자라는 느낌을 안겨 주지는 않았을 것이다.

복음이 필요한 많은 지역에서 아직까지 한국인은 잘사는 나라에서 온 사람으로 여겨진다. 동일시는 선교지 사람들과 생활 수준을 맞추는 것뿐 아니라, 선교지의 어려운 상황에서 현지인들과 함께하는 것으로도 드러난다. 사회적인 혼란이나 경제적인 어려움, 지진 등으로 소요 사태가 났을 때 선교사들이 즉각 피하기보다 현지인의 어려움을 살펴 준다면 그들과 동일시되고자 하는 의지를 보여 주는 절호의 기회가 될 것이다.

인사이더로 여겨질 때까지

외지에서 온 사람에게 문을 쉽게 여는 사람은 없을 것이다. 현지 사람들이 외지에서 온 선교사를 경계하는 것은 자연스러운 일이다.

엉덩이를 밀고 들어올 때

아프리카의 물웅덩이에 한 무리의 코끼리가 물을 마시고 있었다. 이때 다른 무리의 코끼리들이 물웅덩이에 도착해 물을 마시려고 한다면 먼저 와서 물을 마시고 있던 코끼리들은 다른 무리의 코끼리들이 물웅덩이에 접근하지 못하도록 방해한다. 하지만 만약 나중에 온 코끼리 중에 한 마리가 엉덩이를 들이밀며 무리를 뚫고 들어와 물웅덩이에 엉덩이를 첨벙 담그는 순간, 먼저 도착한 코끼리 무리는 나중에 온 코끼리 무리에게 길을 열어 준다고 한다.

만약 나중에 온 코끼리가 머리부터 들이밀었다면 먼저 와 있던 코끼리 떼는 절대로 길을 열어 주지 않았을 것이다. 머리를 들이미는 코끼리는 위협적인 존재로 느껴지기 때문이다. 하지만 코끼리가 엉덩이로 공격하는 법은 없다.

외지에서 온 선교사들도 현지인들에게 위협적인 존재로 느껴진다면 결코 받아들여지지 않을 것이다. 그러나 선교사가 위협적인 존재가 아니라는 것을 인정받고 현지인들에게 받아들여지기까지는 시간이 아주 오래 걸린다.

도로시 막스 선교사

처음 인도네시아에 도착해서 반둥에 머물며 언어를 배우고 있을 때 나에게 깊은 인상을 준 선교사가 있다. 영국 출신의 OMF 선교사 도로시 막스는 1952년 인도네시아에 온 전설적인 선교사로, 원래는 중국내지선교회 선교사로 중국에 들어가려고 준비했으나 중국내지선교회가 중국에서 철수하는 바람에 아시아로 오던 배 안에서 선교지가 인도네시아로 바뀌어 버렸다. 내가 그 선교사를 만났을 때가 1992년이었으니 그 선교사는 이미 인도네시아에 40년을 있었던 셈이다.

반둥의 시내를 지날 때면 교회 건물 앞에 "사경회 강사: 도로시 막스 목사"라고 걸린 현수막을 심심치 않게 볼 수 있었다. 한번쯤 만나 보고 싶었지만 주변 사람들이 도로시 막스 선교사가 얼마나 바쁜지 말해 주었기 때문에 나는 희망을 접고 족자로 이사를 갔다. 족자에서 일 년 정도를 지내면서 선교사로서 나의 한계를 뼈저리게 느끼고 있을 때 필드 리트릿이 있어 다시 반둥에 갔다. 그 수련회에서 드디어 도로시 막스를 만났다.

저녁 식사를 하려고 식당에 가서 줄을 서서 기다리고 있을 때 누군가 내게 저기 있는 분이 도로시 막스라고 말해 주었다. 키가 작고 나이가 많이 들었지만 얼른 보기에도 카리스마 넘치는 영적인 거장 같았다. 나는 음식을 받아서 도로시 막스 선교사 옆에 자리를 잡았다. 식사를 하며 나를 소개하고 여러 가지 이야기를 나눈 후 자리를 뜨기 전 그 선교사에게 마음 깊은 곳에 가지고 있던 질문을 했다.

"어떻게 하면 당신처럼 유명해질 수 있습니까?"

그 선교사는 나를 쳐다보고 미소를 지으며 간단히 두 마디를 하고 떠났다.

"Stay long!" (오래 있어라!)

도로시 막스 선교사의 말이 내 가슴에 오래 남았다. 선교 사역의 열매는 짧은 시간에 이루어지지 않는다. 우리가 현지인들에게 인사이더로 받아들여질 때까지 기다린다면 그때 비로소 제대로 메시지를 전할 수 있다.

동일시의 한계

선교사가 선교지에서 아무리 동일시하려는 노력을 한다고 해도 한계는 있다. 그곳에서 태어나지 않는 한 현지인의 지위는 절대로 주어지지 않는다.

당신은 외국인이지요?

어떤 미국인 선교사가 남미 페루에서 사역을 하고 있었다. 비가 몹시 내리는 어느 날 먼 길을 여행하다가 밤이 늦어 여인숙에 들렀다. 그는 현지인과 똑같은 우비를 입고 현지인과 똑같이 타이어로 만든 허름한 신발을 신고 여인숙으로 들어갔다. 여인숙 안은 등불이 희미해서 선교사의 얼굴이 제대로 보이지 않았다. 하지만 여인숙 주인은 외국인에게 사용하는 호칭을 사용해서 "미스터!" 하며 그 선교사를 맞았다.

선교사는 여인숙 주인이 자신을 외국인으로 알아본 것에 깜짝 놀랐다. 실내는 컴컴해서 여인숙 주인이 자기 얼굴을 볼 수도 없었고 아무 말도 하지 않았기 때문에 외국인 특유의 억양을 들을 수도 없었기 때문이다. 선교사는 여인숙 주인에게 자신이 외국인인 것을 어떻게 알았느냐고 물었다. 그러자 주인은 자기도 잘 모르겠다며 그 선교사에게 다시 문 밖으로 나갔다가 들어와 보라고 주문했다. 선교사가 문을 열고 나갔다가 다시 들어오자 주인이 외쳤다.

"아, 알겠네요! 당신의 걸음걸이가 이곳 사람들과 달랐습니다."

그곳 사람들은 어릴 때부터 무거운 짐을 등에 지고 다녀서 어른이 되면 대부분 허리가 구부정하게 굽었다. 선교사는 그런 일을 해 본 적이 없기 때문에 현지인들과 달리 허리를 꼿꼿이 세우고 문으로 들어왔던 것이다. 우리가 아무리 현지인들과 동일시를 한다 해도 걸음걸이까지 현지인 흉내를 낼 수는 없다.

인도네시아에 있는 동안 내가 한국 사람이라는 것을 스스로 느낀 순간이 있었다. 첫 임기 4년의 사역을 마치고 한국으로 돌아오려고 할 때의 일이다. 족자를 떠나 자카르타에서 며칠을 머물면서 인도네시아 필드 리더와 그간의 사역을 평가하는 시간을 가졌다. 그 기간에 주일이 있어서 모처럼 한인 교회에 가서 예배를 드리기로 했다. 그동안 족자의 대학생들과 인도네시아 말로 하나님의 말씀을 듣고 인도네시아 말로 찬양을 부르면서 충분히 은혜를 받고 있다고 생각했는데, 그날 한인 교회에서 우리말로 찬양을 부르는 순간 나도 모르게 눈물이 터져 나왔다. 그와 동시에 내 머릿속에는 '아, 내가 못말리는 한국 사람이구나!' 하는 생각이 떠올랐다.

어떤 사람들이 선교지를 방문하고 돌아와 이렇게 말하는 것을 듣는다.
"그 선교사님은 현지인보다 더 현지인 같다."
그것은 그저 우리끼리 하는 말이지 실제로는 일어나기 어려운 일이다.

본딩

동일시는 선교사가 현지에 도착해서 상당한 시간이 지난 후에 시도하는 것이 아니라 선교지에 도착한 순간부터 시작되어야 한다. 이것을 본딩(bonding) 또는 유대 관계라고 부른다.

원래 본딩이란 생물학에서 사용하는 용어로, 새끼가 어미와 유착 관계를 가지면서 독립된 개체로 성장해 가는 초기 과정을 말한다. 예를 들어 알에서 부화한 새끼 오리는 줄곧 어미 오리를 따라다니면서 오리가 된다. 만약 부화해서 처음 만난 것이 어미 오리가 아니라 사람이라면 새끼 오리는 그 사람이 어미인 줄 알고 따라다니면서 사람의 행동을 따라 할 것이다.

20년 전 가족과 함께 미국을 방문했는데, 필라델피아에 있는 교회를 방문했을 때 그 교회 장로님이 우리 가족에게 좋은 식사를 대접해 주셨다. 식사를 하면서 나는 장로님에게 미국에서 어떤 일을 하시는지 물어 보았다. 장로님은 세탁소를 운영한다고 하셨다. 한국에서도 세탁소를 하셨느냐고 물으니 장로님은 웃으시면서 어떻게 미국에 와서 세탁소를 시작하게 되었는지를 이야기해 주셨다.

장로님이 처음 필라델피아 공항에 도착했을 때 픽업을 해 준 사람이 세탁소를 하는 사람이었다고 한다. 당시 미국에 이민 오는 사람들은 한국에서 큰 금액의 돈을 가지고 올 수 있는 상황이 아니었다. 한국인들은 사돈의 팔촌만 찾으면 모두 연결되는 상황이니 결국 그 도시에 먼저 와서 살고 있는 한국 사람이 픽업을 나와서 새로운 이민자의 정착을 도왔을 것이다. 새로 이민 온 사람은 픽업 나온 사람의 직업을 따라 했을 것이다. 만약 그 장로님을 픽업하기 위해 공항에 나온 사람이 세탁소가 아니라 청과를 하는 사람이었다면 장로님도 청과상을 했을지 모른다.

선교사 역시 현지에 도착해서 처음에 현지인과 시간을 보내는 것이 매우 중요하다. 이를 위해 선교학자인 브루스터 부부는 몇 가지 구체적인 제안을 하고 있다.

① **선교지에 도착했을 때 몇 주만이라도 현지인 집에서 홈스테이를 하라**

일반적으로 선교사가 선교지에 가기 전, 선교지에 먼저 살고 있는 선배 선교사나 지인들이 신임 선교사가 세 들어 살 집을 얻어 주고 가구들도 미리 마련해 준다. 신임 선교사 가정이 도착해서 편하게 쉬도록 하기 위해서다. 하지만 이럴 경우 본딩에 지장을 줄 수 있다.

예를 들어 도착한 첫날 저녁에 식사는 어떻게 할 것인가? 옆집의 현지인 아주머니에게 도움을 구하는 것이 아니라 기본적인 살림이 갖춰진 부엌에서 선교사 부인이 식사를 준비할 것이다. 선교사 부인은 한국 음식밖에 할 줄 모르지만 적어도 며칠 동안 가족이 먹을 음식과 식재료를 한국에서 장만해 와야 한다. 선교지에 와서도 현지인의 도움 없이 며칠은 보낼 수 있는 것이다.

하지만 처음 한 주일, 길게는 두 주일 정도 현지인의 집에서 홈스테이를 한다면 상황은 많이 달라진다. 현지인 집에서는 당연히 식사 준비를 현지인 부인이 할 것이다. 그러면 선교사는 현지에 도착하자마자 현지 음식을 먹게 된다. 홈스테이를 하면 현지 음식을 먹는 것뿐 아니라 현지인 가정을 볼 수 있는 좋은 기회가 된다.

선교사가 선교지에서 일이 년을 살아 본 후에 현지인 집에 홈스테이를 하겠다고 하기는 어색하다. 홈스테이를 계획하는 선교사도 그렇게 느끼겠지만 홈스테이를 받아 주는 현지인 가정도 이 사람이 벌써 오래 이곳에 살았고 갈 데가 없는 것도 아닌데 왜 갑자기 자기 집에 머물고 싶다고 하는지 의아할 것이다. 하지만 처음 도착했을 때는 서로 홈스테이 하는 것을 편하게 받아들일 수 있다.

② 가능하면 20킬로그램의 짐만 가지고 가라

처음 선교지로 갈 때 최소한의 짐만 가져가는 것이 현지와의 본딩에 큰 도움이 된다. 물론 나중에는 필요한 물건을 본국에서 더 가져올 수 있다. 아마 독자들 가운데 많은 분이 해외여행을 가기 위해 짐을 싸 보았을 것이다. 20킬로그램의 짐을 싼다는 것은 보통 해외여행에 가지고 다니는 가방 하나만을 들고 간다는 이야기다. 그 가방 속에 무엇을 넣을 수 있을까? 옷가지와 신발, 읽고 싶은 책, 큐티 노트 정도가 들어가면 벌써 20킬로그램이 된다. 그 가방 안에 고춧가루 10킬로그램, 한방 샴푸 다섯 통, 이런 것은 들어갈 여지가 없다.

처음 선교지로 갈 때 20킬로그램의 짐만 가지고 가라는 것은 현지에서 필요한 물건 대부분을 조달하라는 뜻이다. 요즘은 아무리 낙후된 선교지라고 하더라도 비누와 치약 등 기본적인 물품을 구하지 못하는 경우는 거의 없다. 더욱이 공산품은 대부분 다국적 기업에서 생산되기 때문에 표준화되어 있어 질이 떨어지지도 않는다. 따라서 현지에 도착하자마자 당장 사용할 것만 조금 가지고 가면 된다.

족자에 살 때 어떤 선교사 가정이 새로 왔는데 짐이 많다고 해서 도우러 간 적이 있다. 한국에서 가져온 짐에서 이쑤시개가 한 통이나 나왔는데 아마 온 가족이 몇 년은 쑤실 수 있는 양이었다. 사실 한국에서 상당량의 목재를 수입하는 곳이 바로 인도네시아다. 인도네시아의 이쑤시개도 얼마나 성능이 우수한지 모른다.

선교사들이 챙겨 오는 짐 중에 다양한 약품이 있다. 하지만 약은 오래 두고 사용할 수가 없다. 만약 유효일자를 넘겨서 사용하면 약효가 떨어지거나 혹은 독이 될 수도 있다. 인도네시아에는 '포르물라 음빳음빳'(Formula 44)이라는 거담제가 있는데 약효가 대단하다.

인도네시아에서 파라티푸스에 걸린 적이 있다. 병원에 갔더니 의사는 어렵지 않게 처방을 해 주었고 약을 먹자 열은 뚝 떨어져 금방 회복이 되었다. 파라티푸스는 여러 종류가 있는데 현지 의사는 대부분의 파라티푸스에 대해 이미 잘 알고 있었다.

한국에 돌아와서 매우 유능한 의사에게 정기 검진을 받으러 갔을 때, 내가 파라티푸스 AB 복합형을 앓았다고 하자 의사는 서재에서 두꺼운 책을 꺼내 와서 내 앞에서 한참을 읽었다. 아마도 그 의사가 공부를 한 적은 있지만 실제 사례는 처음 보았던 모양이다. 내 앞에서 병리학에 관한 책을 열심히 읽고 있는 그 의사를 보며 속으로 이런 생각을 했다.

'만약 내가 아픈 상태에서 한국에 왔다면 어떤 일이 벌어졌을까?'

많은 선배 선교사가 조언하기를, 만약 풍토병에 걸린다면 한국으로 돌아오지 말고 현지에서 치료하라고 한다. 한국의 의사들이 실력이 있는 것은 사실이지만 선교지의 풍토병에 대해서는 더 많은 실제 사례를 다루어 본 현지 의사들이 훨씬 처방을 잘할 것이기 때문이다. 한국에서는 적절한 치료약을 구하기가 어려울 수도 있다. 일반적인 상품은 한국산이 좋을지 모르지만 현지에도 좋은 것이 많다는 사실을 기억하자.

③ 대중교통을 이용하라

현지의 교통 문화를 모르는 상태에서 차를 운전하는 일은 매우 위험하다. 인도네시아의 동쪽에 자리 잡은 이리안자야(파푸아)로 성경을 번역하러 가는 선교사에게 선배들은 이렇게 조언한다. 만약 동네에서 사람을 자동차로 치게 되면 빨리 현장을 벗어나라고. 우리식으로 말하자면 뺑소니를 치라는 것이다. 하지만 그 동네가 만약 신석기 시대의 분위기를 유지하고 있다면 그 동네에서 뺑소니라는 것은 의미가 없다. 오히려 자신의 친족을 외지인이 상해했다는 데 대해 사고를 낸 선교사를 즉결 심판하려고 할 것이다. 어쩌면 현지인이 창이나 도끼를 들고 와서 피를 흘리고 누워 있는 자기 가족에 대한 원한을 당장 갚으려고 할지도 모른다. 만약 선교사가 이렇게 죽음을 맞는다면 이것을 순교라고 해야 하는가? 확실하지 않다.

현지의 문화를 아는 데 대중교통을 이용하는 것보다 더 효과적인 방법은 없다. 자가용을 타고 다니면 현지 문화를 실감하기가 쉽지 않다.

인도네시아에 처음 도착한 지 얼마 되지 않아 선배 선교사가 타던 차를 물려받았다. 하지만 OMF 선배들은 우리에게 언어를 배우는 동안 대중교통을 사용하라고 조언해 주었다. 처음에는 그 이유를 잘 몰랐지만 시간이 지나자 그 조언이 무척 유익한 것임을 알게 되었다.

어느 날 시내에 나가서 물건을 사 가지고 집으로 돌아오고 있었다. 노선버스를 타고 가는데, 갑자기 버스가 노선을 벗어나더니 골목으로 들어가는 것이다. 깜짝 놀라서 옆에 앉은 사람에게 버스가 왜 이 골목으로 가느냐고 물었다. 그 승객은 어떤 할머니가 시장에서 배추 열 포기를 사서 버스를 탔는데 무거우니 자기 집까지 데려다 달라고 운전수에게 부탁했기 때문이라고 말해 주었다. 물론 몇 푼의 운임을 더 주고 말이다. 버스 운전 기사는 운임을 더 받고 할머니를 집까지 모셔다 드리는 것은 자기의 재량이라고 생각한 것이다.

우리나라에서 이런 일이 벌어졌다면 어떻게 되었을까? 하지만 버스 안에 있는 인도네시아 사람들 가운데 불평하는 사람은 한 명도 없었다.

④ 현실 상황에서 현지어를 배워라

우리는 대부분 적어도 중학교 3년, 고등학교 3년 내내 영어를 배웠을 것이다. 하지만 많은 사람이 영어로 외국인과 대화하는 것을 자신 없어 한다. 그 이유는 언어를 상황 속에서 배우지 않고 교실에서 책으로만 배웠기 때문이다. 교재에서 배우는 것은 엄밀한 의미에서 언어를 말하기 위해서라기보다는 외국어 교과목의 시험을 치르기 위해서 배우는 것이다. 살아 있는 언어를 배우려면 그 언어를 사용하는 사람들에게 직접 배워야 한다.

선교사는 언어를 배우는 동안 아무런 의심 없이 친구를 사귈 수 있다. 현지 사람들은 언어를 못하는 외국인을 마치 어린아이처럼 대해 준다. 반둥에서 언어를 배울 때 시장에 무언가 사러 가면 이웃들이 와서 물건을 제대로 사 왔는지 물어 보았다. 하지만 언어를 상당 정도 구사하는 단계에서는 이웃들이 관심을 보이지 않는다.

때때로 교과서에서 배우는 언어와 일상생활에서 사용하는 언어가 다른 경우도 있다. 예를 들어 인도네시아 사람들의 아침 인사는 "슬라맛 빠기!"(Selamat pagi!)인데 시골 지역에서는 '어디 가요?'에 해당하는 "마우 끄 마나?"(Mau ke mana?) 하고 묻는다.

'어? 어디 가느냐고 왜 물어볼까?'

우리가 어디 가는지에 대한 관심이 아니다. 그저 아는 척을 하는 것이다. 따라서 어디 가느냐고 대답할까를 곰곰이 생각하지 말고 그저 "잘란 잘란!"(jalan-jalan)이라고 하면 된다. 이 말은 "네, 그냥 돌아다니고 있어요" 혹은 "저기 갑니다"에 해당하는 말이다.

선교에 관심이 있는 사람들이 자주 하는 질문 가운데 하나는 선교지의 언어를 한국에서 배우고 가는 것이 좋은지 혹은 현지에서 직접 배우는 것이 좋은지에 관한 것이다. 나는 주저하지 않고 현지에서 배우라고 권한다. 단순히 원어민 발음으로 배울 수 있기 때문만이 아니다.

선교지에서 언어를 배운다는 것은 성육신의 과정을 거치는 것이다. 우리는 언어를 배울 때 다시 어린아이의 상태로 돌아가 현지의 모든 것을 이해하게 된다. 어른처럼 문법을 이해하고 단어를 외워서 공식처럼 언어를 배우는 것은 효과적인 방법도 아니고 심지어 위험하기까지 하다.

미드나이트 이야기

인도네시아에서 사역할 때 두따와짜나 대학에서 교수 사택에 살도록 허락해 주었다. 교수 사택은 스뚜란이라는 지역에 있었는데 끝없이 펼쳐진 사탕수수 밭 한가운데에 교수 사택이 있었다. 이웃에는 빡 야리라는 무슬림이 살고 있었는데 그는 개를 길렀다. 보통 이슬람교도는 개를 만지지도 않는데 빡 야리가 개를 기르는 것은 매우 이례적인 일이었다. 내가 추측하기로는 우리 동네가 워낙 외져서 낯선 사람이 오면 짖으라고 개를 기르는 것 같았다.

빡 야리의 집에는 개집도 없고 개 밥그릇도 보이지 않았다. 가끔 개가 다른 동네에 갔다가 구박을 받고 독극물에 목숨을 잃는 경우도 더러 있었다. 그러면 빡 야리는 어디서 데려왔는지 또 다른 개를 길렀다. 재미있는 것은 개가 여러 번 바뀌어도 빡 야리네 개 이름은 언제나 '몰리'라는 사실이다. 몰리는 우리식으로 하면 '멍멍이'처럼 인도네시아에서 아주 흔한 개 이름이다.

어느 날 그 집에 새로운 개가 생겼다. 전에 있던 개에 비해서 훨씬 못생긴 개였다. 특히 털 색깔이 마음에 들지 않았다. 하얀색, 회색, 검은색이 지저분하게 섞여 있어서, 마치 흰 개가 연탄 공장에 가서 조금 놀다 나온 것 같은 색이었다.

하지만 우리 아이들은 그 개를 보자마자 사랑에 빠져 버렸다. 빡 야리가 그 개도 몰리라고 부르자 아이들은 정말 항일 투사 같은 표정으로 이렇게 아름다운 개에게 몰리라는 평범한 이름이 어울리지 않는다면서 자기들은 '미드나이트'(Mid-night)라고 부르겠다고 했다. 그래서 그 개는 빡 야리의 집에서는 몰리로, 우리 집에서는 미드나이트로 불리게 되었다.

아이들은 학교 갔다 돌아오면 책가방을 방에 던져 놓고 밖으로 나가 "미드나이트!" 하고 불렀다. 그러면 미드나이트는 어디에 있든지 만주 벌판을 달리는 말발굽 같은 소리를 내며 달려왔다. 그리고 우리 아이들이 앉으라면 앉고 손을 달라고 하면 손을 주고, 몸을 굴리라고 하면 굴리고, 아이들이 하라는 대로 잘 따라 했다.

참으로 신기한 일이었다. 미드나이트는 이웃 빡 야리네 개인데 어떻게 우리 아이들의 말을 잘 듣는지 참으로 의아했다. 어느 날 우

연히 그 이유를 알게 되었다. 저녁 식사를 하는 자리에서 아이들이 국에 있는 고기를 모두 건져 손에 들고 엄마가 부엌으로 들어간 사이에 밖으로 나가 미드나이트를 불렀다. 그러자 미드나이트가 어디선가 달려와 아이들이 던져 주는 고기를 맛있게 먹었다. 우리 아이들과 미드나이트는 갈수록 친해졌다.

아이들과 반대로 나는 미드나이트를 싫어했다. 당시 우리 집에 잔디를 예쁘게 심어 놓았는데 미드나이트가 우리 집에 오면 아무데서나 실례를 했다. 그러면 그 부위의 잔디는 누렇게 죽어 버렸다. 미드나이트가 나타나기만 하면 나는 작은 돌멩이를 집어 그 앞에 던졌다. 그래서 미드나이트도 나를 무척이나 싫어했다.

어느 날 아침 일찍, 아내와 산책을 나가려고 대문을 열었다. 멀리서 달려온 미드나이트가 갑자기 우리 앞에 모습을 드러냈다. 그리고 아직 어둑어둑한 새벽에 내 얼굴을 빤히 올려다보았다. 아마도 미드나이트는 우리 아이들이 학교에 가려고 나온 줄 알았던 모양이다. 기다리던 아이들이 아니라는 것을 확인한 순간 미드나이트는 내 앞에서 고개를 휙 돌리더니 왔던 길로 유유히 돌아가 버렸다. 개에게 외면당하는 것도 충분히 불쾌할 수 있다는 것을 확인하는 순간이었다.

개도 이렇게 반응을 한다면 우리가 섬기는 현지인들은 우리를 얼마나 더 잘 알까? 우리가 그들에게 "우리는 여러분을 섬기러 왔습니다, 우리는 여러분을 사랑합니다"라고 말하기 전에 그들은 이미 우리에 대해서 잘 알고 우리를 대한다는 사실을 잊지 말아야 한다.

12 장

선교사의 출구 전략

선교사로 파송받을 때 파송 교회의 성도님들에게 많이 듣는 말이 "선교사님, 그곳에 뼈를 묻으세요"라는 작별 인사다. 하지만 선교사가 선교지에 뼈를 묻는 것은 이제 더 이상 미덕으로 생각되지 않는다. 백 년 전만 해도 선교사의 기대 수명은 60년 정도밖에 되지 않았다. 그래서 선교지에서 생을 마감하는 선교사가 많았다. 그러나 오늘날 인간의 수명이 길어지면서 65세에 정년 퇴임을 하고 본국으로 돌아오는 선교사도 많아졌다.

이렇게 정년을 맞아 본국으로 돌아오는 선교사는 자신의 임기를 모두 마쳤다는 면에서 매우 행복한 선교사다. 많은 선교지에서 선교사들이 비자 문제로 현지 체류가 어려워져서 본국으로 돌아오는 경우가 생기고 있기 때문이다. 그래서 출구 전략(Exit Strategy)의 문제를 심각하게 논의할 필요가 생겼다.

선교사가 현지에서 사역을 마치고 현지인들에게 사역의 주도권을 넘겨

주고 떠나는 것을 출구 전략이라고 한다. 선교사가 선교지로 들어가는 과정이 있다면 선교지에서 나오는 과정도 있다. 메신저가 어떻게 타문화 속에 들어갈 것인지 살펴보았으므로 이제 12장에서는 메신저가 꼭 거쳐야 하는 마지막 과정으로서 출구 전략을 다루려고 한다.

선교의 안락사

선교사의 출구 전략이 어제오늘의 이야기는 아니다. 이 이야기는 19세기 중엽에 미국과 영국에서 활동한 헨리 벤(Henry Venn)과 러퍼스 앤더슨(Rufus Anderson)으로부터 시작된다. 1796년생 동갑내기인 두 사람은 '위대한 세기'로 알려진 19세기 개신교 선교 전략의 양대 산맥이었다. 벤은 영국의 교회선교협의회(CMS)를 섬겼고, 앤더슨은 미국해외선교회(ABCFM)를 섬겼는데, 둘 다 동시대를 풍미한 선교계의 최고 지도자요 행정가이자 사상가였다.

교회선교협의회 총무로 일하던 기간(1841-1872년)에 벤은 선교 현장을 단 한 번도 방문하지 않았다는 매우 흥미로운 경력을 가지고 있다. 그는 "선교의 안락사"라는 용어를 만들었는데, 한마디로 선교사는 현장에서 한시적 존재이지 영구적 존재가 아니라는 의미다. 벤에 따르면, 안락사는 "현지 목회자 아래 잘 훈련된 회중이 있어서 목회 사역을 그들 손에 넘겨줄 수 있고, 현지 목회자를 감독하는 일도 점차 줄어들어 더 이상 감독이 필요하지 않아서 제반 사역이 선교 사역으로 확립된 토착 신앙 공동체에 넘어갈 때 일어나는 현상"이다. 벤과 앤더슨 모두 토착 교회의 자립(自立), 자치(自治), 자전(自傳)이라는 삼자 정책의 강력한 지지자였다.

출구 전략의 예

우리나라 선교사들 가운데도 좋은 출구(exit)를 한 예가 많이 있지만 좀 더 분명한 사례로, 퍼스펙티브스 책에 나오는 예를 그대로 소개하고 싶다. 이미 이 내용에 대해서는 6장에서 다룬 바 있다. 몽골 에르데네트 교회 개척 팀의 이야기를 출구 전략의 관점에서 다시 한 번 살펴보기 위해 여기서는 뒷부분을 다시 싣는다.

몽골 교회 개척의 경우

이 이야기는 1990년 몽골이 소비에트 연방에서 독립하여 자유로워지자 몽골에 들어간 스웨덴 선교사 부부 매그너스와 마리아로부터 시작된다. 여기에 브라이언 호건 등 몇 개 나라에서 온 사람들이 합류한 국제 팀은 몽골에서 세 번째로 큰 도시 에르데네트(Erdenet)에서 사역을 시작한다.

모임은 어린 소녀 열네 명으로 시작해서 점차 성장하여 교회의 모습을 갖추기 시작했다. 하지만 전통적인 몽골 천막인 게르(ger)에 사는 유목민 남자를 진짜 몽골인이라고 생각하는 몽골 사람들에게 복음을 전하는 일은 잘 진행되지 않았다. 그러다가 젊은 '진짜 몽골인' 남자 두 명이 교회에 오면서 교회 개척 팀의 사역에 돌파가 시작되었다.

(중략)

시간이 얼마 지나지 않아 예배의 모든 순서가 몽골인의 손으로 진행되었다. 마치 하나님이 몽골의 전통 옷을 입고 예배에 임재해 계시는 느낌이 들 정도였다.

선교사들은 초기부터 교회의 배가 운동에 대해서 강조했다. 교회는 조직이 아니라 하나님의 살아 있는 유기체라고 가르쳤다. 그래서 성숙한 교회는 언제나 어머니 교회가 되어 딸 교회, 손녀 교회를 개척해야 한다고 가르쳤다.

이 일은 실제로 몽골 지도자들에 의해서 일어났다. 교회가 발전하기 시작한 후 일 년 반 정도 지났을 때 몽골인 장로들은 외국의 후원 교회에서 오는 지원금을 정중히 거절하기로 결정했다. 예수님의 명령에 순종하는 것은 풍성하게 드리는 것이라고 배운 교인들이 지역 헌금으로 교회의 모든 필요를 채울 수 있었다.

교회가 세워진 지 두 번째 해에 장로들은 팀을 보내 60킬로미터 떨어진 마을에 딸 교회를 개척했다. 같은 민족인 몽골인이었기 때문에 다른 몽골 지역에 가서 개척을 하는 것은 선교사들이 하는 것보다 쉬웠다. 그리고 이 딸 교회에서 세워진 지도자들은 에르데네트에서 더 멀리 떨어진 지역에 손녀 교회를 세우기 시작했다.

에르데네트에서 팀 사역이 시작된 지 3년 만에 선교사들은 자신들이 꿈꾸던 사역이 이루어지는 것을 보았다. 그리고 '더는 할 일이 없다'고 결론을 내리고 철수를 계획한다. 선교의 목표가 달성되었다는, 달콤하지만 떠나야 하기에 가슴 아픈 현실을 직시하고 선교사 팀은 현지 그리스도인들에게 작별 인사를 한다.

그들은 리더십을 이양한다는 의미로 예배에서 선교사들의 손에 있던 바통을 몽골 현지인들의 손에 넘겨주었다.

이 마지막 부분이 이 이야기의 절정이다. 현지인의 지도력이 드러나는 순간이 가장 성공적인 선교 사역의 마감이다.

에르데네트 교회 개척 팀이 성공적인 출구를 할 수 있었던 데는 몇 가지 요인이 있다. 처음부터 교회 개척을 강조한 것이다. 그래서 딸 교회뿐 아니라 손녀 교회의 개척까지 실행할 수 있었다. 그런데 손녀 교회의 개척은 온전히 현지인들에 의해서 스스로 이루어졌다. 이것은 자전(自傳)에 대한 훌륭한 증거였다. 또한 해외에서 오는 지원금을 거부한 것은 자립(自立)에 대한 훌륭한 증거였다. 그래서 선교사들은 현지 교회가 스스로 설 수 있도록 모든 지도력을 현지인에게 이양하고 사역을 넘겨주었다.

방콕 포럼

한국에서 선교사의 출구 전략이 본격적으로 다루어진 것은 아마도 2012년 방콕 포럼에서일 것이다.

방콕 포럼은 한국 선교사들이 선교 현장에서 경험하는 문제들을 가지고 포럼을 열어 더욱 건강한 선교가 이루어지도록 하자는 취지에서 2003년부터 시작되었다. 포럼에는 현장의 선교사들뿐 아니라 선교학 교수, 선교 행정가, 지역 교회 목회자 들이 한 자리에 모여 선정된 주제를 가지고 치열하게 토론을 한다. 그간 방콕 포럼을 통해서 많은 이슈가 정리되었는데 2012년의 주제는 출구 전략이었다.

포럼을 통해서 도달한 결론은 한국 교회의 선교 사역을 선교학적 관점에서 살펴보았을 때 진입(Entry) 전략과 출구(Exit) 전략 사이에 건강하지 못한 불균형이 있다는 점이었다. 그동안 한국 선교는 어떻게 선교지에 들어가서 사역을 진행할 것인가에 대해 많은 관심을 기울인 반면, 선교사가 선교 사역을 어떻게 잘 마무리하고 철수할 것인가에 대해서는 거의 생각하지 않았던 것이 사실이다. 이것은 아마도 선교사 비자를 받을 수 없는 창의적 접근 지역이 많아지면서 진입 전략을 고민할 수밖에 없었던 데 기인할 것이다.

하지만 이제 한국 선교의 성숙도를 생각할 때 진입 전략뿐 아니라 출구 전략에도 관심을 기울일 때가 되었다는 것이 포럼 참가자들의 공통된 진단이었다. 특별히 한국 선교가 본격화된 1980년대 이후 30년이 지난 시점에서 선교 과업이 완료되거나 선교지에서 철수하는 사례들이 나타나기 시작했다. 그 과정에서 선교지의 지도력 및 재산권 이양 등 여러 분야에서 많은 문제가 제기되고 있으며 이러한 문제는 앞으로도 계속 더 나타날 것으로 예상된다.

한국 선교사의 출구 전략 문제를 다룬 2012년 방콕 포럼은 다음과 같은 결론을 발표하고 막을 내렸다.

건강한 선교를 위한 출구 전략의 이해와 적용이 한국 교회에게 시급히 요청된다.
아직 한국 교회 전반에 출구 전략에 대한 인식이 전무하다고 보는 것이 옳을 것이다. 하지만 이제 현지에서 30년, 40년의 사역을 하고 사역을 정리해야 하는 선교사들이 많아지면서 한국 선교에서 출구 전략은 시급한 문제가 되었다.
출구 전략을 수립하는 것은 선교 사역의 전 영역에 영향을 미친다. 그러므로 선교사의 선교 전략은 진입, 유지, 출구, 그리고 출구 이후 지속 전략의 네 가지로 나누어 생각해야 하며 이들 사이에 유기적이고 총체적인 전략이 함께 고려되고 실천되어야 한다.

출구 전략은 상황에 따라 다양하게 실현될 수 있다. 선교지의 상황과 선교사가 처해 있는 사역의 상황, 그리고 개인과 가정의 사정이 모두 다르다. 따라서 하나의 출구 전략 모델만을 고집할 수는 없다고 생각한다.

선교사와 현지인 모두가 그리스도의 제자라는 정체성, 그리고 선교사가 현지 신앙 공동체에 주도적 역할을 감당하기보다 섬기는 자가 되어야 한다는 관점이 건강한 출구 전략의 중요한 토대가 된다. 우리가 선교지에서 우리의 왕국을 만드는 것이 아니라 하나님의 말씀에 순종하는 제자로서의 삶을 살아간다면 출구 문제는 더욱 쉽게 생각될 수 있을 것이다.

방콕 포럼에서는 위에서 언급한 선교지의 지도력 및 재산권 이양 등 출구 전략과 관련된 선교 현장의 제반 문제들이 방콕 포럼의 결의에 비추어 조속히 개선되기를 한국 교회와 선교계에 기대한다는 의견도 제시했다. 방콕 포럼은 한국 선교의 출구 전략에 대한 인식을 확산시키기 위해 국내에서 세미나를 개최하고, 포럼의 결과를 책으로 출간하는 등 필요한 후속 조치를 취했다. 방콕 포럼의 결과가 책으로 발표되자 한국에 있는 여러 선교 단체, 특히 교단 선교부에서 좋은 반응을 보였다.

삼자 정책

선교사의 출구 전략과 관련해서 반드시 논의해야 할 것 가운데 하나가 선교사 출구 후 현지 교회의 모습이다. 그런 면에서 삼자 정책(three self policy)을 다시 생각해 볼 필요가 있다. 삼자 정책은 우리에게는 네비우스 정책으로 알려져 있지만 사실은 앞에서 언급한 헨리 벤과 러퍼스 앤더슨이 이미 150년 앞서 언급한 선교 정책이다.

자립(self-supporting)

현지 교회가 재정적으로 자립하는 것을 말한다. 만약 현지 교회가 재정적으로 자립하지 못한다면 결국 선교사가 재정 조달을 해야만 한다. 교회를 지어 주는 것, 사역자의 생활비를 지원하는 것이 여전히 선교사의 몫이 된다면 현지 교회는 의존성을 벗을 수 없을 것이다.

그렇다고 해서 재정적 지원을 무조건 나쁘게만 볼 수는 없다. 예루살렘 교회를 생각해 보자. 사도 바울은 이방인 교회에서 열심히 재정을 모아 예루살렘 교회에 가져다주었다. 이것을 나쁘다고 할 수 있겠는가. 이 경우 사도 바울의 원리는 많이 가진 자들이 적게 가진 자들에게 나누어 주는 것이다. 이런 원칙은 여전히 유효하다. 만일 선교지의 교회가 경제적으로 너무 힘든 상황이라면 사도 바울의 원리에 따라 교회를 도울 수 있다.

선교지 교회를 재정 지원할 때는 어떤 항목의 지출인가에 대해서 많이 생각해야 한다. 예를 들어 교회당을 현지 수준에 맞지 않게 호화롭게 짓는다면 그 명목의 후원에 대해서는 심각하게 재고해야 할 것이다.

자치(self-governing)

현지 교회가 교회 운영의 결정을 스스로 해 나가는 것을 말한다. 지도자를 세우는 일이나, 문화와 상황 안에서 필요한 윤리적 기준을 마련하는 일 등은 선교사의 결정이 아닌 현지인의 결정에 의해서 이루어져야 한다.

대학생 시절에 죠이라는 학생 단체에서 임원으로 활동했다. 임원 중에서도 회장, 부회장, 총무, 회계 네 명은 회장단이라고 해서 회원들의 직접 선거로 선출했다. 그런데 회장은 언제나 남자 중에서, 부회장은 언제나 여자 중에서 선출하도록 당시 정관에 규정되어 있었다. 그리고 나는 그것이 매우 성경적이라고 생각하고 있었다.

인도네시아에서 죠이 모임이 생겼을 때 처음으로 회장단 선거를 하게 되었다. 나는 한국 죠이의 정관을 기초로 해서 인도네시아 죠이의 정관 초안을 만들어 보았다. 인도네시아 학생들에게 그것을 보여 주자 학생들이 한 목소리로 이야기했다.

"우리는 회장이 꼭 남자여야 한다고 생각하지 않습니다."

처음에는 그 상황이 무척 당황스러웠다. 하지만 이것이 복음의 본질과 아무런 상관이 없다는 것을 생각하자 자유로워졌다. 인도네시아 죠이의 최초 회장은 남자가 선출되었지만 그 다음 회장은 여자가 선출되었다.

자전(self-propagating)

자전이란 현지 교회 스스로 복음을 전파하는 것을 말한다. 재정적인 자립이나 교회 운영만이 아니라 전도 역시 현지인의 손으로 이루어져야 한다. 지교회를 개척하는 것도 마찬가지다. 선교사가 교회를 세웠지만 현지 교회가 다른 교회 개척을 감당하지 못하고 여전히 선교사에게 교회 개척을 의지한다면 교회의 배가 운동은 이루어지지 않는다.

배가 운동을 위해서 선교사는 현지인들이 예수를 믿을 때부터 지체하지 말고 다른 이에게 전도를 하도록 격려해야 한다. 예수를 믿은 지 얼마 안 된 사람에게 양육을 특히 강조하면 전도가 이루어지지 않는다.

우리나라 선교 초기에 온 선교사들은 전도를 많이 강조했다. 특히 여성에게는 여성이 전도하도록 돕기 위해서 '전도 부인'이라는 사람들을 많이 훈련했다. 이들이 전국 방방곡곡을 다니며 복음을 전했다.

최근에는 위의 세 가지에 자신학화 한 가지를 더 포함해서 요즘은 사자 정책이라고도 부른다.

자신학화(self-theologizing)

자신학화란 신학의 상황화라고 할 수 있다. 외국에서 형성된 신학을 수입하는 것이 아니라 현지인들이 성경을 연구하면서 자신들의 상황에서 필요한 신학을 형성해 나가는 것을 말한다. 신학은 계시와 구분해야 한다. 완전한 신학이 있는 것이 아니라 각 시대마다 부분적인 진리로 하나님을 이해하려는 노력이 신학하는 과정이라고 보아야 한다.

서양 교회들 가운데 많은 교회는 자신들의 신학이 완벽한 신학이라고 생각하는 경향이 있다. 하지만 서양의 신학도 초대 교회의 입장에서 본다면 서구의 상황에 토착화된 신학이다.

자신학화를 이해하기 위해 초대 교회에서 시작된 복음이 어떻게 헬라인들에게 이해되었나를 생각해 보면 도움이 될 것이다. 예를 들어 3세기에 오리겐이라는 학자는 유대적 배경에서 시작된 많은 신학적 사고를 헬라적으로 하기 시작했다. 오리겐이 헬라의 철학이나 고전을 통해 신학 사상을 형성해 가는 것을 비판하는 사람들에게 그가 한 말이 걸작이다.

"이스라엘 백성이 애굽을 떠날 때 가지고 나온 황금으로 하나님을 예배하기 위한 성막을 지었다. 만약 그 금이 애굽에 그대로 있었다면 그 금은 우상을 만드는 데 사용되었을 것이다."

선교사의 역할 변화

출구 전략에서 가장 중요한 것은 선교사의 역할 변화다. 선교사 역할 변화와 관련한 모델이 몇 가지 있지만 가장 대표적인 것은 풀러(Fuller)의 모델이다.

- 개척자 역할 단계: 대부분 교회가 없는 현지에 간 선교사가 교회를 개척하는 단계를 말한다. 선교사는 팀으로 사역할 수도 있고 개인으

로 사역할 수도 있지만 아직 현지 교회와의 협력은 없는 단계다.
- 부모 역할 단계: 선교사가 현지에 교회를 개척하면 교회는 어느 정도 돌봄이 필요하다. 이때 선교사는 마치 자녀를 양육하는 부모의 역할을 감당한다. 이 단계에서 부모는 자녀의 독립을 위해 의존성을 키우지 않아야 한다. 만약 교회가 선교사에 대한 의존이 커지면 출구 전략은 그만큼 어려워진다.
- 파트너 역할 단계: 현지 교회가 어느 정도 성숙해지면 선교사는 교회와 대등한 관계에서 함께 사역한다. 이 단계에서 선교사가 어떻게 하느냐에 따라 장차 있을 출구 단계에 결정적 영향을 미치므로 매우 중요한 단계다. 따라서 교회가 선교사에 의존하는 부분을 어떻게 줄여 나갈 것인가에 대한 심도 있는 계획이 세워져야 한다.

선교사의 역할 변화

개척자 Pioneer
선교회 홀로

부모 Parent
선교회가 지도력을 발휘하고 교회가 개발된다.

파트너 Partner
선교회와 교회가 함께 사역한다.

참여자 Participant
교회는 성숙하고 지도력을 발휘한다.

- 참여자 역할 단계: 출구의 전 단계로 선교사는 교회를 이끄는 입장이 아니라 오히려 현지 교회에서 요청할 때 도와 주는 역할을 한다.

허드슨 테일러는 중국내지선교회의 사역을 정리하면서 이렇게 말했다.

"경건한 리더십이란 주관하지 않고 돕는 것이다. 진정한 지도력이란 지도하는 사람의 만족을 위해서가 아니라 하나님의 영광과 지도받는 사람의 유익을 위해서 존재하는 것이다."

이러한 원칙은 현지인 사역자를 세우는 데에도 동일하게 적용된다. 특히 선교지에서의 교회 개척은 본국에서의 교회 개척과 동일하게 간주해서는 안 된다. 본국에서라면 교회를 개척하고 교회가 성장하는 것을 목표로 할 수 있을 것이다. 하지만 선교지에서는 선교사가 교회 성장의 목표를 갖는 것보다 교회가 현지 지도력에 의해서 운영되는 것을 목표로 삼는 것이 바람직하다.

따라서 교회 개척의 경우 출구 시점을 정하는 것이 매우 중요하다. 서양 선교사들과 우리나라 선교사들이 함께 교회 개척 팀으로 일하는 경우, 출구 자체에 대해서는 동의하지만 그 시점을 언제로 할 것인가에 대해서는 의견 차이가 나는 경우가 많다.

몽골 교회 개척 팀의 사례에서 좋은 교훈을 받을 수 있다. 선교사들이 개척한 현지 교회가 다른 교회를 개척할 수 있을 때가 적절한 출구 시점이라고 볼 수 있지 않을까? 물론 이것도 상황을 고려해서 결정해야 한다. 그리고 선교사의 출구를 분명히 가시화하는 의식(ceremony)을 하는 것이 중요하다. 몽골 교회 개척 팀의 경우도 상징적으로 바통을 현지인 지도자에게 넘겨줌으로써 리더십 이양을 마감했다.

건강한 출구 전략을 위해서 다음과 같은 사항을 고려할 필요가 있다.

① 선교사의 역할

처음부터 선교사의 역할을 조연으로 한정해야 한다. 출구 전략은 사역이 진행된 후에 생각할 것이 아니라 선교사가 진입할 때부터 반드시 생각하고 시작해야 한다. 만약 처음부터 출구를 생각하지 않는다면 선교사에 대한 의존성은 점점 더 늘어나고 출구는 점점 더 어려워질 것이다.

② 지속 전략의 중요성

그렇다고 선교사가 출구 후 현지와의 관계를 끊는 것은 아니다. 선교사의 현지 사역과 관련해서 단계별로 진입 전략, 유지 전략, 출구 전략, 지속 전략을 생각하는 것이 필요하다. 선교 사역은 출구가 목표가 아니다. 자기가 시작하거나 개척한 사역이 현지 지도자들에게 잘 이양되고 선교사가 떠난 후에도 계속해서 사역이 잘 진행되는 것이 목표다. 그러기 위해서는 출구 후의 지속 전략까지 생각해야 한다.

③ 위험을 감수함

요즘은 자전(self-propagating), 자치(self-governing), 자립(self-supporting)뿐 아니라 자신학화(self-theologizing)를 반드시 생각해야 한다. 특히 자신학화는

선교사가 자신이 배운 신학을 가르치는 것이 아니라 현지의 지도자들이 성경을 바라보는 자신들의 사고를 통해 신학을 발전시키는 것으로, 실수할 가능성까지 포함한다. 이러한 위험을 감수할 때 비로소 자신학화가 가능하다. 출구 전략을 하는 과정에서 현지 지드자들에게 실수할 여지를 주어야 한다.

④ 상황에 맞는 출구 전략

출구 전략은 한 가지로만 생각할 수 없다. 획일화된 출구 정책은 오히려 역효과가 크다. 상황에 적절한 출구 전략을 선교사와 현지인들이 함께 선택하는 것이 가장 바람직하다. 하지만 중요한 것은 너무 늦기 전에 반드시 선교사의 출구가 이루어져야 한다는 것이다.

또 반드시 고려해야 할 것은 출구 전략을 한국인 선교사의 관점에서만 보아서는 안 된다는 점이다. 선교의 큰 그림 안에서 생각해야 한다. 예를 들어 서구 선교사들이 고민 끝에 떠난 사역지에 한국 선교사들이 다시 들어가는 것이 과연 필요한지 많은 생각을 해야만 한다. 서구 선교사들이 그 지역 교회의 자립, 자전, 자치를 위해서 의도적으로 떠난 곳에서 한국 선교사들이 들어가 교회 건축이나 현지 사역자에게 경제적 도움을 준다면 서구 선교사들의 출구 전략을 훼손시키는 결과를 가져올 수 있기 때문이다.

허드슨 테일러의 비유: 비계목

일찍이 선교사의 출구에 대해서 강조한 바 있는 허드슨 테일러는 선교사의 역할을 이렇게 표현했다.

"우리 외국 선교사들은 건물을 지을 때에 세워 놓은 비계목과 같다. 비계목이 필요 없는 시간이 빠르면 빠를수록 좋다. 아니 어쩌면 아직도 복음이 전해지지 않은 곳으로 옮겨져서 그곳에서 또 일시적인 용도로 사용될 것이다. 만약 비계목이 없이 건축이 이루어질 수 있다면 가장 좋은 것이다."

(로저 스티어, 《예수를 따르는 길》에서)

"선교는 일시적이다. 하지만 예배는 영원하다"(Mission is temporal, but Worship is eternal)라는 존 파이퍼 목사의 말도 같은 맥락이다. 이 말을 조금 바꿔서 "선교사는 일시적이다. 하지만 현지 그리스도인은 영원하다"라고도 말할 수 있다.

사도 바울도 로마서의 마지막 부분에서 이렇게 말한다. "이제는 이 지방에 일할 곳이 없고……"(롬 15:23). 자신이 사역하던 곳을 떠나 복음을 전할 다른 지방으로 이동한다고 말하는 선교사 바울의 모습이다.

나오는 글

생애 네 번째 책을 쓴다는 것 때문에 원고를 출판사에 넘기며 기쁨과 부담이 함께 느껴진다. 초벌 원고는 비교적 쉽게 쓸 수 있었다. 하지만 다듬는 작업은 쉽지 않았다. 역시 책을 쓰는 것은 쉽지 않음을 다시 깨닫게 된다.

책 제목을 '선교와 문화'로 할까 아니면 '문화와 선교'로 할까를 놓고 많이 망설였다. 고민 끝에 《문화와 선교》로 결정했다. 이것은 순전히 내 개인적인 취향이었음을 밝히고 싶다. 이미 《족자비안 나이트》와 《쏘라비안 나이트》의 '나이트 시리즈'처럼 2년 전에 이미 저술한 《직업과 선교》와 짝을 맞추고 싶어서였다. 2년쯤 후에 또 하나의 "○○와 선교" 시리즈를 한 권 더 쓰려고 하는데 아마도 "교회와 선교"가 될 것이다.

이 책을 쓰면서 강의 때는 시간의 제약 때문에 할 수 없었던 많은 예화를 포함시킬 수 있는 것이 좋았다. 다만 강의 때 할 수 있는 표현을 글로는 도저히 할 수 없는 아쉬움도 있다. 혹시 기회가 된다면 CD를 책 뒤에 붙이거나 부록으로 보내 드릴 수 있었으면 하는 생각도 해 본다.

글쓰기를 마치면서, 단일 문화권에서 주로 살아온 우리나라 사람들의 타문화에 대한 이해가 높아졌으면 좋겠다는 기대를 한다.

일전에, 인도네시아에서 사업을 하는 어느 회사 내의 관심자를 대상으로 인도네시아 문화에 대한 강의를 몇 시간 한 적이 있다. 강의를 들은 많은 분이 문화적 차이에 충격을 받는 것 같았다. 어떻게 생각하면 단일 문화권에서 살아온 우리는 다른 문화, 다른 종족에 대해 무지하다 못해 심지어 시각 장애인 수준인지도 모른다. 이런 것을 '종족 무지' 혹은 '족맹'(tribe blindness)이라고 부른다.

이 책을 쓰는 동안 일어난 또 한 가지 사건이 내 생각을 강화시켜 주었다. 어느 신학대학교에서 문화에 대한 강의를 했는데, 마지막 시간에 인도네시아 사람과 간단한 대화를 할 수 있도록 몇 개의 문장을 가르쳐 주고 그날 안으로 반드시 인도네시아 사람 한 명과 대화를 나누고 결과를 메일로 보내라고 부탁했다. 그날 저녁부터 학생들의 보고가 올라왔다.

"교수님, 오늘 점심시간에 식당에서 인도네시아 사람 한 명과 함께 대화를 했습니다. 제가 인도네시아 말로 인사를 하자 정말 좋아하더군요. 그런데 오늘 처음 우리 학교에 인도네시아 사람이 있다는 것을 알게 되었습니다."

또 다른 보고서도 올라왔다.

"교수님, 오늘 기숙사에 있는 한 명의 인도네시아 사람과 인도네시아 말로 대화를 했습니다. 그 인도네시아 학생이 무척 좋아했습니다. 그런데 그 학생이 3년간 학교를 다녔는데, 자기에게 인도네시아 말로 인사를 한 사람이 제가 처음이라고 하더군요."

이제 타문화는 생각보다 먼 이야기가 아니다. 우리가 이민, 유학, 취업, 관광 등의 목적으로 타문화에 가는 것은 매우 일상적인 일이 되었고, 우리가 있는 캠퍼스, 직장, 동네, 함께 타고 가는 대중교통 안, 카페나 식당에서도 타문화를 만나고 경험할 수 있다. 이런저런 방식으로 우리 가까이에 있는 타문화 사람들을 대하는 데 이 책이 도움이 되기를 바란다.

마지막으로 요한계시록 7장에 나타난 장면을 생각하며 책을 마치고 싶다. 이 세상이 끝나는 시점이 되면 모든 민족이 각자 자기의 언어로 주님을 찬양할 것이다.

"이 일 후에 내가 보니 각 나라와 족속과 백성과 방언에서 아무도 능히 셀 수 없는 큰 무리가 나와 흰 옷을 입고 손에 종려 가지를 들고 보좌 앞과 어린양 앞에 서서 큰 소리로 외쳐 이르되 구원하심이 보좌에 앉으신 우리 하나님과 어린양에게 있도다 하니"(계 7:9-10)

부록

LAMP 프로그램에 관하여

　현지에서의 사역은 현지 언어를 구사하는 만큼만 할 수 있다고 해도 과언이 아니다. 현지인들은 외국인이 구사하는 언어의 정도를 정확하게 간파한다. 중국에서 현지 언어로 4년을 사역한 선교사가 중국인 친구의 집을 방문했다. 시골에서만 지내시던 그 친구의 아버지께 선교사는 유창한 중국어로 인사를 했지만 연로한 아버지는 선교사의 말을 잘 알아듣지 못했다. 그 아버지는 선교사와 중국어로 대화하는 대신 선교사에게 할 말을 자기 아들에게 전하라며 중국어로 말했다고 한다. 이미 선교지에 4년이나 있었고 현지어를 잘한다고 생각했던 선교사는 충격을 받았다.

　사람들은 현지에 오래 머물면 저절로 현지어가 늘 것이라고 생각하지만 그것은 사실과 다르다. 사람들은 환경에 익숙해지면 자기가 알고 있는 제한된 단어만을 가지고도 충분히 살아간다. 우리가 가족들과 몇 개의 단어를 가지고 대화를 나누는지 생각해 보면 이해가 될 것이다. 우리가 한국에서 산다는 사실이 우리의 한국어 실력을 높여 주는 것은 아니다. 한국 사람이라 해도 한국말을 발전시키기 위해서는 의지적으로 언어 공부를 해야 한다.

현지 언어를 유창하게 말한다는 것이 높은 수준의 언어를 구사한다는 뜻은 아니다. 초등학교에 다니는 아이도 자기 나라말을 유창하게 구사하는 것처럼 보인다. 하지만 아이들은 제한된 단어밖에 구사할 수 없기 때문에 만약 초등학생이 같은 문화에 있는 대학 교수의 강의를 듣는다면 그 교수가 외국어로 말하는 것처럼 들릴 것이다.

LAMP 프로그램

언어를 습득하는 방법은 여러 가지가 있지만 여기서는 'LAMP'라는 언어 습득 방법을 소개하려고 한다. 톰과 엘리자베스 브루스터(Tom & Elizabeth S. Brewster) 부부가 쓴 《Language Acquisition Made Practical(LAMP)》는 '실제적인 언어 습득'이라는 뜻으로, OMF를 포함해서 많은 선교 단체가 교과서처럼 사용하는 책이다.

이 책은 선교사가 아니더라도 누구든 타문화에서 처음 언어를 배우려는 사람에게 유용하다. 따라서 타문화에서 사업을 하려는 사람들, 외교관, 단기로 여행을 하려는 사람들에게도 새로운 언어를 배우는 매우 요긴한 도구가 될 수 있다. 외국에 나가지 않고 국내에서 외국어를 배우려는 사람에게도 도움이 될 것이다.

LAMP는 언어를 배우는 단순하면서도 훌륭한 원칙을 제시하고 있다. 그 가운데 하나가 어린아이처럼 언어를 배우라는 조언이다. 어느 문화에서나 언어를 가장 잘 배우는 사람은 어린아이들이다. 따라서 선교사도 어린아이들이 하는 방법대로 하면 언어를 가장 잘 배울 수 있다. 어린아이들이 언어를 습득하는 모습에서 우리가 배울 수 있는 매우 중요한 두 가지 원칙이 있다.

첫째, 적극적인 학습자(active learner)가 되라

아이들이 처음 언어를 배울 때 학교에 가서 배우거나 누가 가르쳐서 배우는 것이 아니다. 어떤 부모가 자기 아이가 네 살이 되었으니 이제 한국어를 가르쳐야겠다고 생각해서 도시락을 싸 주면서 어학당에 보내는가. 아이들은 스스로 배우려고 한다. 그것도 적극적으로 배운다. 우리 가족이 처음 인도네시아 언어를 배울 때였다. 우리 부부는 비싼 수업료를 내고 언어 학교에 다니며 언어를 배울 때 우리 아이들은 동네에서 이웃집 아이들과 어울려 놀면서 배우고 있었다. 수업료도 낸 적 없는 아이들이 우리 부부보다 발음도 좋고 우리가 모르는 단어도 많이 알고 있었다.

둘째, 조금 배우고 많이 연습하라(Learn a little, practice a lot)

아이들은 적게 배우고 많이 연습한다. 한번은 지하철에서 어린아이가 엄마 옆에서 노래하는 것을 보았다. "아빠, 힘내세요. 우리가 있잖아요!" 문제는 이 아이가 한 시간 내내 그 노래를 불렀다는 것이다. 엄마가 더 이상 참지 못하고 "그만해!"라고 할 때까지 아이는 쉬지 않고 같은 노래를 할 수 있는 능력이 있다. 이미 장성한 어른은 그렇게 하기가 어렵다. 하지만 우리가 다른 언어를 배우기 위해서는 다시 이런 아이들의 모습을 관찰하고 따라 해야 한다.

언어 평가의 문제

현지 언어를 어떤 수준에서 구사하느냐는 단순히 현지의 언어를 할 수 있느냐보다 중요하다. 현지어를 사용하는 사람들 중에 자신이 어느 수준의 언어를 구사하는지 모르는 경우가 많다. LAMP에서는 언어 구사 수준을 다섯 가지로 나누는데, 각 단계가 의미하는 바는 다음과 같다.

level 0

약 50개 단어를 가지고 간단한 인사 정도를 하고 다닐 수 있는 상태를 말한다. 주위 사람들에게 늘 기쁨을 선사한다. 인도네시아에 온 한 단기 선교사는 인도네시아어에서 수식을 하는 경우 우리말과는 반대로 명사의 뒤에 형용사를 붙인다는 것을 몰랐다. 그래서 예를 들어 "누구네 개냐?" 하는 말을 "누가 개냐?" 하고 묻기도 하고 "너희 집 개냐?"라고 묻고 싶었는데 "네가 개냐?"라고 묻기도 해서 주위에 늘 웃음을 선사했다.

level 1 : 생존 수준의 언어

시장에 가서 자기가 원하는 물건을 구입하고 가격을 깎을 수 있는 단계를 말한다. 호텔에 들어가 방을 잡을 수 있고, 택시를 타고 목적지까지 갈 수 있다. 하지만 이 단계에서 전화를 받기는 어렵다. 문법에 대해서 아직 정확하지 않아 단어를 그저 조합하는 정도에서 대화를 한다. 이 단계에서도 여전히 실수를 많이 한다. 하지만 레벨 0와는 수준이 다른 의사 전달을 할 수 있다.

level 2 : 일반적인 직장 생활이 가능한 수준

현지 언어의 기본적인 문법을 이해한다. 전화를 받을 수도 있고 회의에 참석해서 무슨 말이 오고 가는지도 알 수 있다. 직원을 뽑을 수도 있고 자기 의사도 명확하게 표시할 수 있다. 하지만 전문 지식을 충분히 조리 있게 설명하지는 못한다.

level 3 : 자신의 전문 지식을 전달할 수 있는 수준

이 수준이 되면 자기 생각을 충분히 사람들에게 전달할 수 있다. 여기서 자기 생각이란 전문 영역을 포함한다. 다음에 설명하는 레벨 4도 현지 전문인이 자유롭게 자신의 의사를 표시하는 것처럼 언어를 구사하는 것인데, 이 단계에서는 여전히 문법이나 어휘 면에서 제한적이다. 만약 전공 분야의 논문을 쓰려면 현지인 언어 조력자의 도움을 받아야 한다.

level 4 : 현지인 전문가가 구사하는 언어를 구사하는 수준

거의 어려움 없이 자기 생각을 구사한다. 현지인이 보기에도 외국인치고는 정말 현지어를 잘한다고 느끼는 수준이다. 문법도 거의 틀리지 않으며 어휘력도 상당하다. 어떤 면에서는 일반적인 교육을 받은 현지인보다 훨씬 더 현지어를 잘한다고 느낄 수 있다.

level 5 : 원어민과 동일한 수준

고등 교육을 받은 원어민과 동일한 수준이다. 자신이 외국인이라고 밝히지 않는 한 현지인들이 언어만으로는 그를 외국인이라고 생각하지 못한다. 하지만 스무 살이 넘어서 외국어를 배우는 경우에는 거의 도달하기 어려운 단계다.

선교 사역을 현지어로 하는 선교사들에게 최소한으로 요구되는 언어 수준은 레벨 3이다. 내가 속한 단체인 OMF에서 현지어를 레벨 3의 수준으로 하지 못하는 선교사는 첫 임기를 마친 후에 다시 선교지로 돌아갈 수 없다.

이렇게 언어의 수준을 이해하는 이유는 단순히 현재의 언어능력을 평가하기보다 언어 학습의 다음 단계로 나가기 위한 것이다. 사람들은 자신의 외국어 구사 능력에 대해서 과소평가하거나 과대평가하는 경향이 있다. LAMP에서 제공하는 언어능력 자기 점검표(Self-rating Checklist of Speaking Proficiency)를 이용하면 자신의 언어 수준을 객관적으로 평가할 수 있다.

책에서 배운 언어

필자는 서울의 용산에 있는 중학교를 다녔다. 용산에는 미군 부대가 있어서 지나가는 미군 병사들에게 영어를 해보고 싶어하는 친구들이 많았는데, 그 중 가장 용감한 친구가 근처를 어슬렁거리다가 미군 병사 앞에서 큰 소리로 "I am a boy" 하고 외치고 달아나곤 했다. 그 미군 병사가 우리를 어떻게 생각했을까를 생각하면 지금도 아찔하다.

LAMP에서는 언어를 처음 배울 때부터 현지인과 접촉을 통해서 언어를 배우도록 격려한다. 그렇게 하기 위해서 첫날 할 일은 현지인이 알아들을 수 있는 몇 개의 문장을 외우는 것이다. 여기에는 대화를 시작하고 마칠 수 있는 가장 기본적인 문장이 포함된다. 몇 마디 하지 못한다고 해도 현지인이 알아듣도록 준비하는 것이 중요하다.

예를 들면 첫날은 적어도 다섯 개의 문장으로 시작한다.

"Hello!"

"My name is Chang Nam."

"I am learning English."

"This is all what I can say."

"Good-bye!"

이렇게 하면 우리의 말을 듣는 현지인이 우리를 이상한 사람으로 보지는 않을 것이다. 이 다섯 개의 문장을 통해서 현지인은 내가 누구며 왜 말을 걸었는지를 알게 된다.

다음 날은 전날 연습했던 다섯 개의 문장에 한두 개를 덧붙인다. 예를 들어 다음과 같은 문장을 붙일 수 있다.

"I am from Korea."

"What is your name?"

그러면 벌써 일곱 개의 문장을 구사할 수 있다.

"Hello!

My name is Chang Nam.

I am from Korea.

I am learning English.

What is your name?

Thank you.

This is all what I can say.

Good-bye!"

만약 매일 이런 식으로 문장을 더해 간다면 자연스럽게 언어의 진보를 경험하게 될 것이다.

레벨 3이나 4에 이르기 위해서 해야 할 가장 중요한 것 가운데 하나는 독서다. 고급으로 올라갈수록 어휘력과 전문적인 숙어가 필요하다. 어휘력을 늘리거나 고급스러운 표현을 구사하려는 목표가 있다면 반드시 독서를 해야만 한다. 또 하나 중요한 작업은 작문(composition)이다. 작문을 하면 흔히 범하는 문법적 실수를 현저히 줄일 수 있으며 상황에 맞는 적절한 표현을 알 수 있다.

영어 배우기

선교사가 된다는 것은 국제 환경에 나간다는 것을 의미하기 때문에 영어를 사용하는 지역이 아니라 해도 영어로 의사소통을 하는 능력은 중요하다. 내가 속한 OMF는 국제 단체라 허입 과정에서 영어 테스트를 받아야 했다. 외국에 나가 공부를 한 적 없는 내 영어 실력이 대단한 것은 아니었지만 아마도 OMF 허입 당시에 최소한의 요건은 갖추었던 것 같다. 그래서 따로 영어를 배우기 위해 시간을 허비하지 않고 선교지로 바로 갈 수 있어서 당시에는 좋아했지만 지금 생각해 보면 그때 영어를 제대로 배워 두었다면 좋았을 것을 하는 후회가 든다.

선교사에게 국제 언어로서 영어가 왜 중요한지 생각해 보자.

① 영어는 대부분의 한국인에게 모국에서 배우는 대표적인 외국어다

한국 사람들은 학교에서 제1외국어로 영어를 배운다. 영어를 배우는 것은 외국어가 어떤 것인지 배울 수 있는 가장 중요한 기회다. 그 언어 자체를 배우는 것보다 더 중요한 것이 외국어를 배우는 방법을 배우는 것이다. 방법만 제대로 배운다면 영어 이외의 다른 외국어를 하나 더 배우는 것은 그리 어렵지 않다. 이런 면에서 단일 문화권에서 자란 한국인은 외국어를 배우기에 불리하다고 말할 수 있다. 외국에 나와서 놀라는 것은 여러 언어를 자연스럽게 구사하는 사람이 많다는 것이다. 인도네시아 사람들은 거의 대부분 두세 개의 언어를 자연스럽게 배운다. 하나의 언어를 배우는 법을 알게 되면 다른 언어를 배우는 것이 훨씬 쉬워진다.

② 영어는 국제 언어다

많은 한국인이 영어를 하는 것을 선택의 문제로 생각한다. 하지만 내가 인도네시아에 있을 때 그 생각이 꼭 옳은 것은 아니라는 것을 깨닫는 사건이 있었다.

어느 날 족자에 한국에서 장성 한 분이 놀러 오셨는데 그때 마침 내가 바빠서 그분을 관광지로 안내할 시간을 내기가 어려웠다. 그래서 인도네시아 학생 두 명에게 부탁해서 그분께 유명한 보로부두르 사원을 구경시켜 드리게 했다. 구경을 하고 돌아와서 인도네시아 학생이 나에게 한 말이 충격적이었다. "한국은 영어를 못해도 장성이 되나 봐요?"

아프리카나 동남아시아의 장관들은 대부분 외국 언론과 영어로 자연스럽게 인터뷰하는 것을 볼 수 있다. 영어는 더 이상 몇 사람만 하는 특별한 언어가 아니다. 마치 우리가 외국에 가려면 달러를 가져가는 것처럼 영어도 기본적인 의사소통을 위해 필요한 필수품이라고 생각해야 한다. 그렇다고 해서 누구나 높은 수준의 영어를 구사해야 한다는 말은 아니다. 레벨 1 수준의 영어만 구사해도 한국 사람들이 외국에서 현재보다는 훨씬 더 나은 대접을 받을 수 있을 것이다.

③ 국제 단체나 혹은 국제 팀에서 함께 일할 때 유용하다

선교 현장에는 다른 나라에서 온 외국 선교사들과 교류할 기회가 많다. 영어를 못한다고 해서 현지어도 못하는 것은 아니고, 오히려 영어를 못하는 것이 현지어를 더 열심히 하게 만드는 동인이 될 수도 있다. 하지만 현지어만 할 줄 알고 영어를 하지 못한다면 아무래도 제한된 기회만

을 갖게 된다. 더군다나 국제 단체로 가려는 사람이라면 다른 필드에 있는 사람들과의 교류 또한 중요하다. 이때 영어는 필수적인 커뮤니케이션 수단이 된다.

④ 다른 정보들을 섭렵하는 데 도움이 된다

세상에는 영어로 된 수많은 자료가 있다. 영어를 자유롭게 구사한다면 우리는 훨씬 많은 정보에서 유익을 얻을 수 있다. 또 영어는 우리가 가지고 있는 지식이나 경험을 다른 사람들과 나누기 위해서도 필요하다. 외국 선교사들에게 흔히 듣는 말은 한국 선교사들이 뭔가 열심히 하는 것 같은데 그것이 무엇인지 모르겠다는 것이다. 우리가 영어를 자유롭게 구사할 수 있다면 외국의 선교사들이 한국 선교사들의 경험에서 많은 유익을 얻을 수 있을 것이다.

필자 역시 국제 단체에 있으면서 영어 때문에 고생을 많이 했다. 영어를 조금 더 잘했으면 하는 것이 나만의 바람은 아닐 것이다. 독자들 중에 영어를 포함해서 새로운 언어를 배우려는 사람이 있다면 다음과 같은 조언을 주고 싶다.

다섯 가지 팁

한국에서도 충분히 영어를 배울 수 있다. 필자는 인도네시아 사역을 마치고 한국으로 돌아와 2년 가까이 영어를 공부하면서, 효과적으로 언어를 배우기 위한 몇 가지 팁을 발견했다.

① 비싸게 배워라

언어 선생님에게 내는 수강료가 비싸야 한다. 당신이 지불할 수 있는 최고의 수강료를 지불하라. 싸게 배우려고 하면 중간에 포기하기 쉽다. 하지만 비싸게 지불했다면 중도에 포기하지 않는다. 그리고 가능하면 선불로 지불하라. 예를 들어 보자. 한 달에 5만 원짜리 동네 피트니스 센터에는 몇 번 간 후에 쉽게 그만둔다. 하지만 만약에 당신이 한 달에 백만 원짜리 피트니스 센터의 회원권을 구입했다면 당신을 죽기 살기로 운동을 할 것이다.

만약 영어를 배운다면 적어도 한 번 만나서 두 시간 공부하는 것을 기준으로 했을 때 십만 원 이상 지불할 각오를 해야 한다. 공짜로 배우는 것은 언어를 배우는 최악의 방법이다. 개인 교사에게서 배우는 것이 아니고 학원을 선택할 때도 가능한 한 비싼 학원에서 배우는 것을 추천한다.

OMF에서는 필드에서 사역하는 선교사들에게 단순한 삶(simple life)을 강조하지만 언어 공부에 대해서만은 최고의 조건을 허락한다. 필자가 반둥에서 인도네시아 언어를 배울 때 우리 가족은 한 달 생활비로 미화 500불 정도를 사용했다. 하지만 아내와 나의 언어 연수 비용은 한 달에 800불을 지불하도록 OMF에서 허락해 주었다.

② 좋은 선생님을 만나라

좋은 선생님에게 배워야 한다. 언어 선생님으로서 가장 좋은 사람은 대학 교육을 받은 원어민이다. 자국어의 미세한 부분을 설명할 수 있어야 하며 문법을 충분히 이해하고 설명할 수 있어야 한다. 또한 선생님이 LAMP에서 말하는 언어 수준에 대해 이해해야 한다. 만약 외국인에게 언어를 가르쳐 본 경험이 있는 사람이면 더 좋다.

③ 선생님을 수동적으로 만들어라

언어를 배우는 사람이 적극적 학습자(active learner)가 되어야 한다. 언어를 배우는 시기의 아이들은 어른들을 귀찮게 하면서 이것저것 물어보고 자기가 아는 모든 단어와 표현을 시도해 본다. 아이들이 물어볼 때 어른이 대답해 주고 가르쳐 준다고 해서 어른의 언어 실력이 느는 것은 아니다. 우리를 가르치는 언어 선생님도 마찬가지여야 한다. 만약 우리가 수동적이 되고 선생님이 준비를 많이 해 가지고 온다면 실력이 느는 것은 우리가 아니라 선생님이다.

④ 공부하는 로드맵을 먼저 결정하라

언어 공부에 목표를 세워라. 내가 지금 어디에 있는지 그리고 어디로 가는지에 대해서 분명한 그림을 가져야 한다. 현재의 언어 수준을 점검하고 현재 레벨에서 다음 레벨로 가는 것을 목표로 삼을 수 있다.

언어의 난이도와 언어 학습자의 능력에 따라서 다소 차이가 있지만 평균적인 학습 능력을 가진 사람이 평균적인 난이도의 언어를 배울 때 다른 직업을 갖지 않고 언어 학습에만 전념한다고 가정하면 레벨에서 다음 레벨로 가는 시간은 아래 도표와 같다. 도표를 보면 더 높은 수준으로 올라갈수록 더 많은 시간이 필요하다.

언어 습득에 걸리는 시간　　　　　　　　　　　　　　　　　(LAMP에서 인용)

Levels	0	0+	1	1+	2	2+	3	3+	4	4+	5
필요한 시간 주단위	-	1	2	3	5	8	13	21	34	55	89
누적된 시간 주단위	-	1	3	6	11	19	32	53	87	142	231

언어 공부의 순서는 듣기―말하기―읽기―쓰기로 진행해야 한다.

언어를 배우는 초기에 가장 신경 써야 할 것은 문법이나 어휘력을 늘리는 것이 아니다. 발음이다. 초기에 배운 발음을 나중에 고치려면 몇 배의 노력을 기울여야 하는 매우 힘든 작업이 된다. 초기에는 현지인의 발음을 정확하게 따라 하려고 노력해야 한다. 현지인들은 언어 학습 초기 과정에 있는 외국인에게는 발음을 고쳐 주려고 하지만 자신들이 알아들을 만하면 외국인의 발음을 고쳐 주지 않는다. 언어를 배우는 초창기에 발음을 제대로 하려면 듣기를 잘해야 한다.

레벨 1에서 2로 가기 위해서는 문법 공부를 열심히 해야 한다. 만약 레벨 2에서 더 올라가기 위해서는 어휘력이 중요하다. 그렇게 하기 위해서는 읽기를 많이 해야 한다. 레벨 3에서 레벨 4로 가기 위해서는 작문을 해야 한다. 작문 훈련 없이는 고급스러운 외국어를 사용하기 어렵다.

⑤ 배운 것을 반드시 써먹어라

배운 것을 써먹지 않으면 언어는 늘지 않는다. 우리가 그동안 중학교

고등학교에서 이미 경험하지 않았는가.

필자는 인도네시아에서 학생들에게 새로운 단어나 표현을 배우면 그것을 반드시 써 보려고 노력했다. 내가 새로 배운 단어나 표현을 노트에 적으면 인도네시아 학생들은 웃으며 이렇게 말했다. "아, 빡 손이 다음 주 설교할 때 이 단어를 꼭 써먹을 거야." 그 말이 결코 기분 나쁘게 들리지 않았다.

싱가포르에서 열리는 OMF 국제회의에 참석할 때도 마찬가지였다. 영어로 새로운 단어를 배우면 그것을 반드시 써 보려고 노력했다. 한번은 영국 선교사가 말하는 동안 'gallivant'라는 단어를 들었다. 사전을 찾아보니 '할 일 없이 돌아다니는 것'을 뜻하는 단어였다. 이 단어를 어떻게 즉시 사용할 수 있을까를 생각해 보았다. 영어를 나보다 잘하는 아들에게 영어로 편지를 보내기로 했다.

즉시 아들에게 이메일을 보냈다. 아빠가 싱가포르에서 지내는 이야기도 쓰고 국제 회의에 대해서 쓴 다음에 영어로 다음과 같은 문장을 덧붙였다.

"Don't think that Daddy is just gallivanting in Singapore."
(아빠가 싱가포르에서 할 일 없이 어슬렁거리고 다닐 거라고 생각하지 마라.)

아빠의 영어 실력을 아는 아들은 미소를 지으며 "흠, 아빠가 또 새로운 단어를 배웠나 보구나" 했을 것이다.

1865년 허드슨 테일러가 창설한 중국내지선교회(CIM:China Inland Mission)는 1951년 중국 공산화로 인해 중국에서 철수하면서 동아시아로 선교지를 확장하고 1964년 명칭을 OMF International로 바꿨다. OMF는 초교파 국제선교단체로 불교, 이슬람, 애니미즘, 샤머니즘 등이 가득한 동아시아에서 각 지역 교회, 복음적인 기독단체와 연합하여 모든 문화와 종족을 대상으로 예수 그리스도가 구세주이심을 선포하고 있다. 세계 30개국에서 파송된 1,300여 명의 OMF 선교사들이 동아시아 18개국의 신속한 복음화를 위해 사역 중이다.

OMF 사명

동아시아의 신속한 복음화를 통해 하나님을 영화롭게 하는 것이다.

OMF 목표 하나님의 은혜를 통하여 동아시아의 모든 종족 가운데 성경적 토착 교회를 설립하고,
자기 종족을 전도하며 타 종족의 복음화를 위해 파송되는 것을 목표로 한다.

OMF 사역 중점

- 우리는 미전도 종족을 찾아간다.
- 우리는 소외된 사람들에게 관심을 갖는다.
- 우리는 복음을 전하는 일에 주력한다.
- 우리는 현지 지역교회와 더불어 일한다.
- 우리는 국제적인 팀을 이루어 사역한다.

OMF International-Korea

한국본부 (137-828) 서울시 서초구 방배중앙로 29길 21 호언빌딩 2층

전   화 02-455-0261, 0271   **팩 스** 02-455-0278

홈페이지 www.omf.or.kr   **이메일** omfkr@omf.net

문화와 선교

초판 발행	2014년 7월 20일
초판 4쇄	2023년 3월 20일
지은이	손창남
발행인	손창남
발행처	(주)죠이북스(등록 2022. 12. 27. 제2022-000070호)
주소	02576 서울시 동대문구 왕산로19바길 33, 1층
전화	(02) 925-0451 (대표 전화)
	(02) 929-3655 (영업팀)
팩스	(02) 923-3016
인쇄소	영진문원
판권소유	ⓒ(주)죠이북스
ISBN	979-11-981996-8-3 03230

책값은 뒤표지에 있습니다.
잘못된 도서는 교환하여 드립니다.
이 책 내용을 허락 없이 옮겨 사용할 수 없습니다.